삶이
묻고
지혜가
답하다

전근룡 지음

삶이
묻고
지혜가
답하다

EBS
BOOKS

2강

인간관계, 얼마만큼 잘해줘야 하나요?

● 마음의 지혜 ●

3강

매정한 마음은 얼마나 필요할까요?

● 처세의 지혜 ●

6강

사람들이 나를 얼마나 알아볼까요?

● **만남의 지혜** ●

7강

진정한 겸손이란 무엇일까요?
● **겸허의 지혜** ●

8강

상대의 마음을 얻는 비결이 있나요?
● **득인의 지혜** ●

9강

글쎄, 이 사람을 믿을까요? 말까요?

● 불신의 지혜 ●

10강

남의 말, 반드시 경청해야 하나요?

● 경청의 지혜 ●

11강

싸울 일이 생기면 어떻게 해결하세요?

● 승리의 지혜 ●

12강

고민을 줄이는 방법이 있나요?

● 행복의 지혜 ●

복잡하기 그지없는 요즘 세상에서 삶의 다양한 일들을 어떻게 분별하고 지혜롭게 살아야 할지 참 쉽지 않습니다.

그래서 사람들은 인생의 다양한 이치를 배우기 위해 역사 서적이나 고전을 들여다봅니다.

저 역시도 삶의 다양한 문제에 대한 해답을 얻기 위해, 유명한 역사책이나 인문 고전에서 오랫동안 각종 사례와 해법을 찾아보았습니다.

그런데 우리 삶의 문제를 역사나 고전에 물어보면 '아는 게 힘'이라거나 '모르는 게 약'이라는 서로 다른 해답이 주어져 있습니다.

심지어 동일한 문제를 안고 있는 사람에게 "열 번 찍어 안 넘어가는 나무 없다"라고 도전을 격려하는가 하면 "못 오를 나무는 쳐다보지도 말라"라고 포기를 충고하기도 합니다.

도대체 우리 삶에서 '어떤 나무가 안 넘어가는 나무'의 경우인지, 또 '어떤 나무가 못 오를 나무'의 경우인지 구체적이고도 실용적인 해설의 지혜가 담긴 책은 제대로 만날 수 없었습니다.

저는 삶의 실제적인 지혜를 얻기 위해 인생의 질문 100가지를 선정하고 지난 20여 년간 주경야독의 심정으로 역사와 고전의 사례들을 분석하고 유형별로 주제에 따른 지혜를 분류해 보았습니다. 그리고 2007년부터 날마다 조간과 석간신문 18종을 읽으며 100가지 주제와 현대인의 삶을 연계하며 통찰의 시간을 가져 왔습니다.

드디어 2011년 우연한 기회에 세계경영연구원IGM으로부터 강의를 요청받았습니다. 그 후 지금까지 10여 년간 전국 도처에 셀수 없이 많은 강연을 다녔습니다.

그러던 2021년 어느 날 UN 해비타트에서 활동 중인 지인의 안내로 EBS 방송에 출연하게 되었습니다.

교양 프로그램 클래스ⓔ 방송이 나간 후 관계자로부터 당시 인기 1순위라는 축하 메시지도 받았고 현재 EBS 온라인에서는 과분하게도 19,435뷰를 기록하고 있습니다.

돌이켜 보면 저와 고전과의 만남은 다소 운명적이었습니다.

고교 2학년 무렵, 교도소 사형수를 상담하는 성직자를 우연히 만나게 되고, 그분 댁에서 밤을 지새우며 인간의 삶과 죽음에 대한 의문을 가졌습니다. 그리고 창조주의 영감靈鑑이 들어 있다는 인류의 고전 '바이블'의 근본원리가 알고 싶었습니다.

고교 3학년 시절 동네 선배로부터 문고판 '주역' 책을 선물 받고 비로소 인생의 길흉화복에 대한 의문이 생겨났습니다.

대학 1학년 시절 중앙도서관에서 고전《장자》와《노자 도덕경》책을 읽었습니다. 책이 또 다른 책을 안내해 주어 제자백가 사상과 서양 철학서 책장을 모조리 넘겨보았습니다.

대학 2학년 시절 지하철역에서 어떤 스님이 건네준《벽암록》을 읽고 불교 공부 삼매경에 빠져들었습니다.

대학 3학년 시절 해외문학회 동아리 회장이 되어 헤르만 헤세, 제임스 조이스, 알베르토 카뮈의 문학책을 탐독했고 그즈음 책벌레인 둘째 매형이 집에서 보던 사마천의《사기》를 읽으며 동서양의 역사서에 몰닉沒溺했습니다.

그러고 보면 저는 학창 시절 소위 문사철文史哲을 웬만큼 섭렵하게 되었습니다.

그런데 갑자기 궁금해졌습니다.

내가 학습한 고전에 기록된 역사적 상황들이 필연적인가? 또 다른 변수가 있다면 어떤 전개가 가능할까? 누군가에게 물어보거나 심지어 토론해 보고 싶었습니다.

그러나 역사서와 고전 속에 등장하는 대부분 인물이 국가 경영의 주인공인 만큼 현실에서는 쉽게 만날 수 없는 지위의 사람들이라는 벽에 부딪혔습니다.

그래서 개인적으로 오늘날 우리나라를 선도하는 분들을 만날 수 있기를 소망했습니다.

그런 저에게 기적이 일어났습니다.

20대 중반 나이에 국무총리가 되실 분과의 우연한 만남을 시작으로 국회의장, 각 정당 대표, 대통령 후보, 정부 각료 장·차관, 서울시장과 각 시도지사, 대법관과 법원장, 검찰 총장과 검사장, 대기업과 중견 기업 총수, 서울대 등 각 대학교 총장 등 정계, 재계, 학계, 관료계, 법조계의 저명인사 300여 분을 모시고 회원제 모임을 운영하며 17년간 수없이 많은 대화를 나누었습니다.

그분들과 사마천의 《사기史記》 속 인물 100여 명이나 《논어》에 등장하는 공자의 제자 수십 명과 대조해 볼 수 있었던 것은 창조주가 내려 주신 은총이라 생각합니다.

특히 인생의 균형 잡힌 사고와 실천궁행으로 《논어》의 명문들과 일치하는 삶을 보여주시는 정해창 법무 장관님, 매사에 자신을 나타내지 않고 모범이 되셔서 《노자 도덕경》이 생각나게 하는 한민구 국방 장관님, 단숨에 사람을 통찰하며 우리 사회에서 호형호제하는 인물이 가장 많은 인간관계의 천재 이수성 총리님,

누구에게나 차별 없는 마음과 허정의 달인으로《한비자》의 핵심
이 오버랩되는 박관용 국회의장님과는 다년간 가까이 모시며, 동
양 명고전 속 어떤 인물들과 비교해 봐도 전혀 손색없는 삶의 교
과서 같은 분들이었습니다.

이러한 원로 세대 외에도 30대가 되면서 바둑계에서 불세출의
기록을 세운 바둑 천재 이창호 국수와 우리나라 장기계의 우승
을 완전히 독식한 장기 천재 김경중 국수, 대학입시 전국 수석과
사법 고시를 수석 합격한 시험 천재 원희룡, 퀴즈 아카데미 왕중
왕전에서 최종 우승한 퀴즈 천재 송원섭을 만나서 장기간 교류
하며 동양 고전의 대천재들과 비교해 보는 것도 큰 즐거움이었
습니다.

그리고 올림픽 영웅인 마라톤의 황영조나 유도의 안병근 등
다수의 금메달리스트와 스포츠 영웅인 복싱의 유제두, 유명우 등
세계 챔피언이나 프로야구의 이승엽, 양준혁 등 스포츠 대스타
들을 일시적으로나마 지켜보며《초한지》나《삼국지》주인공들과
대조해 볼 수 있는 것 또한 창조주가 주신 행운이었습니다.

한편으로 저는 책만 읽고 현실 체험 없이 이론만 펼치는 탁상
공론이 싫었습니다.
그래서 일찍이 대학을 졸업하면 다양한 직업의 현장에서 체험
하고 후학들에게 산 교육을 하기로 인생을 설계했습니다.

그 설계도에 따라 20대 중반에 상품 세일즈맨을 시작으로, 회사원, 국회 공무원, 마케팅 컨설턴트, 비즈니스 코치, 외국계 기업 임원, IT 벤처 설립 경영인, 식음료점 개업주와 회원제 외식점 창업주, 인문학 강사, 칼럼니스트, 대학 초빙교수, 한국사 저자 및 강사, 방송 강연자가 되기까지 여러 직업 분야에서 다양한 업종의 경험을 통해 인생의 정답을 찾기 위해 동분서주하며 살았습니다.

제 인생을 돌아보면 정말 원 없이 많은 책을 읽었고, 아쉽지 않을 만큼 다양한 업종을 경험했으며, 남부럽지 않을 만큼 헤아릴 수 없이 많은 사람을 만났습니다. 그러고 나서 각 일상생활 주제마다 조그마한 결론에 도달하게 되었습니다.

제가 장기간 연구하고 체험한 100가지 생활 인문학 주제 중, 일부를 엄선하여 EBS 클래스ⓒ 방송에 12회 연속 강의로 선보였습니다. 이 방송 콘텐츠를 교양서적으로 출간하자는 EBS 출판부의 제안을 받고 내용을 보완하여 본 책 원고를 만들었습니다.

책 내용 전개의 기본 구성으로는 12개 주제 단원마다 먼저 발제의 서문을 간단히 제시하고 본론 부분에서 역사서나 고전의 인물 중심으로 사례를 통찰하는 것을 기본 프레임으로 삼았습니다. 이 속에는 간간이 동서양의 문사철 이론이나 심리학 이론들을 인용하기도 했습니다.

결어 부분에서는 대체로 저 자신이나 주변인의 경험담을 소개하고 실제 삶에 적용할 나름의 메시지를 도출하였습니다.

본 책의 소재가 된 동서양 역사서나 고전은, 도서명으로만 100여 종에 총 수백여 권이 넘는 방대한 분량이므로, 하나하나 인용 색인을 붙이기보다는 독자께서 별도로 수고 없이 원문을 확인해 볼 수 있도록 책 인용 내용과 더불어 한자 원문이나 영어 원문을 병기하였습니다.

2022. 8. 22
지은이 전근룡 쓰다

1강

사람을 움직이는 열쇠는
무엇일까요?

● 관계의 지혜 ●

"자신의 능력으로 조직을 이끌어가는 사람은
하수下手이고,
타인의 힘을 이용할 줄 아는 사람은
중수中手이며,
타인의 지혜를 이용하는 사람이
상수上手이다."

_ 한비자

인간은 누구나 내가 생각한 대로 상대를 움직이고 싶어 합니다.
여러분은 사람을 쉽게 움직이는 노하우에 대해 혼자서 곰곰이 생각해 보거나, 책을 사서 찾아보거나, 때로는 지인들과 토론해 보신 적이 있으십니까?

우리는 가족 간의 소통에서 지시형으로 이야기하는 경우가 다반사입니다.
일상생활에서 가령 자식에게 심부름을 시킬 때, 심지어 남편에게 담배를 끊으라고 종용할 때조차 지시형으로 말하는 경우가 일반적입니다.
그러나 사람들은 남의 말을 잘 들으려 하지 않습니다. 자기 주관이나 소신들이 있어서 남의 지시받는 걸 본능적으로 싫어합니다. 그렇다면 우리는 어떻게 대화를 함으로써 상대의 마음을 쉽게 움직일 수 있을까요?

기업을 설립하고 조직을 운영하다 보니 저 역시도 늘 구성원들의 문제로 골치가 아픕니다. 사람 문제는 누구나 하나같이 겪는 가장 큰 고충입니다.

그래서 역사상 용인술 대가들이 '사람을 쉽게 움직인 비결'에는 어떤 방법들이 있었을까 궁금해졌습니다. 그 지혜를 얻기 위해 동서양 역사책이나 인문 고전에서 각종 사례를 찾아보기로 했습니다.

세계적으로 유명한 역사학자 아놀드 토인비Arnold Joseph Toynbee가 《역사의 연구A study of history》라는 책에서 역사상 동서양의 뛰어난 인물을 선정했습니다. 서양에서 역사상 가장 뛰어난 인물 1위로는 로마공화정의 영웅 율리우스 카이사르Gaius Julius Caesar가 선정되었습니다. 이에 동의하거나 공감할 분이 많이 계실 것 같습니다.

그렇다면 동양에서 가장 뛰어난 인물 1위로는 누가 선정되었을까요? 책장을 넘기며 몹시 궁금해졌습니다. 너무나 뜻밖의 인물인 유방劉邦입니다.

그가 수많은 동양 인물 중에서 1등을 차지하게 된 원인은 무엇일까, 소상하게 알고 싶어졌습니다.

천하를 통일한 용인술의 비밀

한제국 유방의 고백

유방은 아버지가 농사짓는 평범한 집안의 자식이었습니다. 고대 동양은 신분상 집안 혈통을 매우 중요시하는 귀족 중심의 사회였습니다. 그런데도 평범한 서민 출신이 천하의 황제가 되었다는 것은 그가 정말 특별한 사람이었다고 인정할 수 있습니다.

참고로 중국 역대 495명의 황제 중에서 평민 출신은 명나라 주원장과 더불어 유이무삼唯二無三한 인물입니다. 중국 역대 25왕조를 창건한 진시황제 이후 건국 황제들 23명조차 바로 귀족 출신인 겁니다.

사마천의 《사기史記》〈한고조본기〉에 보면 유방의 일대기가 나와 있습니다. 유방이 한나라 제국을 건설하고 신하들을 모두 불러 모아 질문을 합니다. "내가 어떻게 초나라 항우項羽를 제압하고 국가를 건설할 수 있었다고 생각하느냐?"라고 묻고 각자의 의견을 돌아가며 말하게 했습니다. 신하들의 다양한 견해를 모두 들은 후 유방은 말합니다. "내가 생각하는 정답이 너희들의 얘기 속에 없다."

"그렇다면 황제의 생각은 어떠십니까?" 그러자 유방은 이렇게 말했습니다.

"천 리 바깥에서 승리를 결정짓는 전략가로서는 내가 장량보다 못하다決勝於千里之外 吾不如子房, 결승어천리지외 오불여장량.

국가를 통치하고 양식이 끊이지 않게 하는 행정가로서는 내가 소하만 못하다鎭國家 不絶糧道 吾不如蕭何, 진국가 부절양도 오불여소하.

전투에서 승리하고 공격해서 취하는 장수로서도 내가 한신보다 못하다戰必勝 攻必取 吾不如韓信, 전필승공필취 오불여한신.

다만 나는 그대들의 능력을 잘 활용했을 뿐이다吾能用之, 오능용지."

유방의 말에 의하면 역시 지도자는 용인술用人術이 뛰어나야 한다는 것을 알려줍니다. 그렇다면 과연 《초한지》에 나타난 그의 용인술은 도대체 무엇일까? 찬찬히 읽고 또 읽어보았습니다. 열 번을 읽어봐도 유방의 용인술은 발견되지 않습니다. 《초한지》에 나타난 유방의 용인술을 전문가에게 물어봐도 설득력 있게 대답해 주는 사람은 아무도 없었습니다.

《초한지》유방의 〈본기〉부터 한번 보겠습니다.

진시황은 기원전 221년에 통일 제국을 완성한 뒤 불과 12년 만에 세상을 떠났습니다. 하북성 사구평대라는 곳에서 마차를 타고 가다가 갑자기 졸도했는데, 평소에 만기친람萬機親覽으로 국가 일에 너무 몰두하여 건강을 돌보지 못했던 거지요. 그 이후에 농민 반란인 진승·오광의 난이 일어나고, 장쑤성 패현과 오현에서 유방과 항우가 각각 봉기했습니다.

항우의 할아버지는 유명한 장군인 초나라 최후의 명장 항연項燕이고, 삼촌 역시 장수 출신으로 항량項梁과 항백項伯이라는 사람입니다. 그뿐만 아니라 항우의 병사 중에는 정규 훈련을 받은 사람이 수천 명이나 있었습니다.

반면 유방은 그와 함께 봉기했던 숫자도 몇백 명에 지나지 않았고 그 면모를 살펴본다면 지방공무원인 향리鄕吏 출신의 소하蕭何, 감옥을 지키는 옥리獄吏 출신 조참, 개와 돼지를 잡던 백정 출신인 번쾌樊噲, 장례식 때 피리를 불던 악사 출신의 주발, 그리고 마차를 운전하던 마부 출신 하우영까지 당시 주변의 지인, 친구들을 보면 면면이 정말 한심하기 짝이 없었습니다. 그런데 어떻게 이 인재도 없는 소수의 유방 군대가 저 뛰어난 항우와 그의 군대, 정규군을 격파할 수 있었을까요? 실로 궁금한 일이 아닐 수 없습니다.

유방의 용인술을 깊게 연구하다 보면 누구나 공통으로 발견하는 특이한 점이 있습니다. 유방이 향리 소하에게 묻습니다. "어찌 할까?" 또 옥리 조참에게 묻습니다. "언제 하지?" 이번엔 백정 번쾌에게 "어쩌면 좋아?" 하우영에게 "어디서 할까?" 이렇게 묻습니다. 그러고는 대답을 들은 뒤 "네가 그렇게 해줄래?"

유방의 대화는 항상 질문으로 시작해서 또 질문으로 끝납니다. 그때 부하들이 의견이나 해결 방법을 제시하고, 직접 앞장서서 실천했던 겁니다.

유방은 훗날 명참모 장량張良과 진평陳平, 장수 한신韓信을 만난 뒤에도 변함없이 한문으로 "여하如何?"라고 묻습니다. 유방에게서 돋보이는 건 시종일관 바로 이 '여하 리더십'입니다.

그런데 동양 최고 인물의 용인술로 '여하 정신'으로만 결론을 내리기는 너무나 아쉬웠습니다. 그래서 저는 다시 찾아보았습니다. 그러나 결국 다른 답을 찾아내지 못했습니다. 고민에 빠졌습니다.

그러던 중 아이로니컬하게도 서양의 인물들을 연구하다가 결정적 단서를 얻게 됐습니다.

미국 최다선 대통령의 고백
루스벨트의 용인술

2021년 1월, 미국 조 바이든Joe Biden의 대통령 취임식이 있었는데요. 역대 46명의 대통령 중에는 조지 워싱턴이라든지 에이브러햄 링컨 그리고 J.F.케네디 등 유명한 대통령이 많이 있습니다. 그런데 미국에는 재선에 성공한 대통령이 20명 있지만 3선을 역임한 대통령은 한 명도 없습니다.

그러나 유일하게 3선을 넘어서 4선1932년, 1936년, 1940년, 1944년 당선을 지낸 대통령이 한 분 있는데 바로 32대 프랭클린 루스벨트Franklin Delano Roosevelt, 재임 1933~1945 대통령입니다. 그 이후로 현재

미국 수정헌법 22조에서는 3선이 불가하도록 성문화되어, 루스벨트는 불멸의 기록을 남긴 셈입니다.

루스벨트의 대표적인 업적으로는 2차 세계대전의 승리와 대공황의 위기를 극복했던 뉴딜 정책이 있습니다. 또 우리나라 입장에서는 카이로회담에서 영국의 처칠과 더불어 일제 패망 이후에 한국의 독립을 약속했던 연합국의 대표적인 지도자입니다.

그의 회고록에 따르면 하반신 마비로 두 다리 불구가 되는 장애가 있어서 굉장히 어려운 일이 많았다고 합니다. 신체 건장한 사람조차 대통령을 한 번 하기 힘든데 어떻게 심각한 장애를 가진 사람이 미국 역사상 가장 오랫동안 재임한 4선 대통령의 주인공이 되었을까, 실로 궁금한 일이 아닐 수 없습니다.

그의 저서 《온 아워 웨이On Our Way》를 자세히 보면 루스벨트는 20대 젊은 나이에 인생의 성공 가치로 깨달은 게 있다고 합니다. 바로 질문의 효능입니다. 그래서 30~40대에 루스벨트가 주변 사람에게 많은 질문을 하는 것을 볼 수 있습니다. 그는 말합니다. "성공하려면 질문하고 또, 또 질문하라. 끊임없이 주변 사람에게 질문하라."라고 합니다.

그러므로 "질문, 질문이 인간에게 가장 훌륭한 방법론이다."라는 루스벨트 관점에서 보면 중국의 유방이 주변 평범한 사람에게 질문을 통해서 그들을 인재로 거듭나게 하고, 한나라 제국을 개국했다는 것이 어쩌면 너무나 당연하다는 걸 깨닫게 됐습니다.

알고 보니 정말 '질문 리더십'이야말로 최고의 용인술이란 걸 '황제 유방과 루스벨트 대통령'에게서 배울 수 있었습니다.

노벨상 최다 수상 민족의 비결
유대인의 노하우

❖

전 세계 노벨상 수상자의 35%는 소수민족 유대인으로 알려져 있습니다.

유대인 부모들은 학교를 다녀온 자녀에게 "오늘 선생님 말씀 잘 들었니?"라고 묻기보다는 "너는 오늘 선생님께 무얼 질문했니?"라고 말한다는 건 이미 세계에 널리 알려진 사실입니다.

게다가 지금 이스라엘 학교에서는 우리나라처럼 주입식 교육이 아닌 '하브루타havruta 방식'의 교육을 진행하고 있다고 합니다. 하브루타 교육법이란 학생들 두세 사람이 짝을 맞춰 서로 돌아가며 질문하는, 말하자면 질문 위주의 학습 방식을 의미합니다.

전 세계의 유대 랍비들이 지혜의 탈무드를 가르칠 때도 '하브루타 방식'으로 생각하는 힘을 길러준다고 합니다. 이것이 바로 유대인이 획득한 노벨상 수상의 원천이라고 하니, 질문이야말로 그들이 남들보다 가까이 노벨상으로 다가선 비밀의 열쇠인 것입니다. 유대인은 노벨상 수상뿐만 아니라 오늘날 세계 경제계도

선도하고 있습니다. 세계 억만장자의 30%가 유대인으로 세계를 움직이는 경제계의 대표적인 인물로는 마이크로소프트 창업자 빌 게이츠, 애플의 창업자 스티브 잡스, 페이스북 설립자 마크 저커버그 그리고 구글의 공동 창업자인 래리 페이지와 세르게이 브린 역시 유대인입니다.

최고 리더인 재상의 자격 기준
관중과 습붕

✾

기원전 645년에 중국 춘추시대 봉건국가들을 호령하는 최초의 패자覇者로 제나라 환공桓公이 등장합니다. 그의 성공 스토리를 들여다보면 그는 인재 등용을 통해서 부국강병을 성취했습니다.

환공은 참모 포숙鮑叔의 추천으로 관중管仲을 재상宰相으로 임명했고 40여 년 동안 그의 훌륭한 보좌를 받았습니다. 환공은 관중의 임종 시 후임 재상감이 누구인지 의견을 물었습니다. 관중의 답변이 없자 차기 재상으로 관중 자신을 추천한 포숙이 후보로 어떤지 의견을 묻자 관중은 '포숙의 중용을 반대'한다고 대답했습니다. 환공으로선 의외의 대답이었죠. 그 이유를 묻자 "포숙은 자신의 선함을 보여주면서 조직을 이끌어갑니다. 포숙은 자기를 모델로 내세우면서 지시하고 이끌어가니 재상이 되기엔 적합하지 않습니다."

그리고 관중은 뜻밖의 인물 '습붕隰朋'을 자신의 후임자로 지명했습니다. 그는 주변 부하에게 주로 질문을 하며 조직을 이끌었다고 합니다. "이건 어떻게 하면 좋겠어? 저건 어떻게 하면 좋을까?" 습관처럼 질문했다고 합니다. 물론 당연히 그가 먼저 답을 알고 있을 때도 많았지만, 항상 주변 사람들의 의견을 들었다고 합니다. 이 질문을 받았던 부하들이 "이럴 것 같습니다." 대답하면 "그렇게 한번 해볼래?"라면서 열심히 실행하도록 격려했다는 거죠.

이러한 관중의 견해에 따르면 개인적인 능력보다는 질문을 좋아하는 사람이 오히려 재상감이라는 거죠. 사마천의 《사기》에 보면 "습붕은 질문하기를 좋아한다." 바로 '호문好問'이라는 단어가 유독 제 눈에 크게 띕니다.

오래전 지인들과 함께 사단법인을 설립하고 문화체육부에 등록한 적이 있습니다. 다수의 회원이 운집雲集한 사단법인이기에 초대 회장으로 전직 법무부 장관님을 모셨습니다.

이분이 내각 하마평에 오를 당시 신문 기사를 읽어보면 '곰퓨터'라고 별명을 소개하고 있습니다. 곰퓨터는 곰과 컴퓨터의 합성어로써, 곰은 이분의 큰 체구를 의미하고 컴퓨터란 주변인들에 의해 서울 법대 사상 최고의 두뇌라 인정받은 결과라고 설명하고 있습니다. 공직에서 법무부 장관을 연임하신 뒤에는 대통령 비서실장을 역임하셨고 서울법대 총동창회 회장을 지내기도 하셨습니다.

이런 분을 가까이 모시고 제가 사단법인의 기획실장으로 일하게 되면서 무엇을 배울 수 있을까, 마음이 설레고 무척 기대가 컸습니다.

그런데 회장직을 그만두신 기간 포함 약 10여 년간 이분을 가까이서 모셨지만, 돌이켜 보면 업무상 지시를 받거나 스킬을 배운 기억이 하나도 없습니다. 오로지 수만 번 질문을 받았던 기억만이 남아있습니다. 이분은 항시 질문으로 저를 가르치고 일깨워 주셨습니다. 정말 운이 좋게도 저는 살아있는 습붕, 호문의 주인공을 만났던 것입니다.

그렇다면 지금부터는 우리 삶에서 '질문의 역할'이 얼마나 중요한지《삼국지》에서 살펴보겠습니다.

《삼국지》 영웅들의 승패
제갈량과 사마의

중국 역사상 최고의 지략가로 칭송받는 제갈량諸葛亮은 뛰어난 전략가일 뿐만 아니라 행정가이며 외교관이기도 했습니다. 그는 전장戰場으로 식량을 운반하는 '목우유마木牛流馬'라는 특수한 수레를 만들어 기술 발명가로도 실력을 선보여 정말 역사상 필적

할 만한 인물이 있을까 싶을 정도로 그는 탁월한 능력을 보였습니다.

그러나 제갈량은 촉나라의 승상으로 결국 위나라와 오나라를 통일하지 못한 채 안타깝게도 나이 54세에 타계하고 말았는데요. 이토록 위대한 천재 제갈량이 왜 삼국을 통일하지는 못했을까 궁금함이 생기는 대목입니다.

제갈량에게도 위나라를 장악하고 그 여세를 몰아서 오나라를 제압하여 삼국을 통일할 기회가 전혀 없었던 것은 아닙니다. 바로 서기 228년 위나라로 쳐들어갔던 북벌 1차 원정이 절호의 찬스였습니다. 북벌 1차 원정으로 관중 지역을 차지했더라면 중국 대륙은 제갈량에 의해 천하통일이 되었을 거라고 역사가들은 상상합니다.

그런데 북벌 1차 원정은 가정街亭 작전의 실패로 인해 결국 패퇴하고 말았습니다. 그런 까닭에 가정 작전의 자초지종을 자세히 한번 살펴보겠습니다.

위나라와의 접경지대 가정에는 앞쪽에 들판이 있고 길이 나 있는데, 뒤쪽에 보면 조그마한 산이 있습니다. 제갈량은 가장 신뢰하던 부하 마속馬謖에게 가정에 가서 군영軍營을 바로 산 앞에 치라고 지시했습니다. "산 앞 길목에 진을 치고 기다리면 위나라의 군사가 함부로 가정 지역을 돌파하지 못할 것이다."라고 설명했습니다.

그런데 마속이 막상 그곳에 가보니 산 앞 길목도 좋지만, 산 위 지역이 진을 치기에 위치가 훨씬 좋아 보였습니다. 손자병법에서 산 위에서 아래로 싸우는 게 더 좋다고 공부한 것을 떠올리며 마속은 '산을 등지고 우리 군대를 두는 게 훨씬 유리할 것이다. 제갈량께서는 이 지역을 자세하게 보지 못해서 아마 길목에 진을 치라고 명령을 내리신 것 같다.'

결국 그는 제갈량의 지시를 무시하고 임의로 판단해 산 위에 주둔을 했습니다.

그런데 위나라 장합張郃의 군대는 산 위로 쳐들어가지 않고 이 작은 산을 포위하고 말았습니다. 당시 산 위에 주둔한 마속의 군대 입장에서는 위기 상황이 발생했습니다. 안타깝게도 산속엔 물이 없었습니다. 위나라 군대의 장기전에 말려들어 마속은 패전을 했고 겨우 몇 사람의 목숨만 건져서 돌아왔던 겁니다. 결국 군령을 어긴 대가로 아끼는 마속의 목을 눈물을 머금고 벨 수밖에 없었던 제갈량의 마음이 '읍참마속泣斬馬謖'이라는 고사성어입니다.

그런데 자연스레 또 궁금한 것이 생겨납니다.

천하의 제갈량은 장차 마속이 자신의 지시를 어기는 것을 과연 방지할 수는 없었을까요?

부하에게 평소에 늘 하던 것처럼 무조건적인 지시와 명령을 내리기보단 마속에게 의견을 한번 물어봤으면 어땠을까요?

마속에게 "산 앞에 주둔하라."라는 일방적인 지시가 아니라, "너는 어느 곳에 진을 칠 것이냐." 물어본 후 마속이 산 위에 진을 치겠다고 대답할 때 "산속에는 물이 없다. 그럼 포위당하면 어찌 되겠느냐?" 이 질문을 들으면 마속은 틀림없이 산 앞 지역에 주 둔을 했을 겁니다. 처음부터 지시형으로 얘기를 하니 마속은 자 신의 판단력에 의존했고 결국 패전을 함으로써 제갈량의 1차 원 정은 최종 실패하게 됩니다. 촉군 입장에선 너무나 안타까운 일 이 아닐 수 없습니다.

한편 질문 하나가 이렇게 전쟁의 승패를 바꿀 수 있다는 건 새 삼 놀랄 만한 것입니다.

이번에는 제갈량의 라이벌 사마의司馬懿의 처신을 살펴보겠습 니다.

제갈량은 서기 234년에 마지막 북벌을 단행합니다. 제갈량은 산서성 위수 남서쪽 오장원五丈原에 주둔하고 라이벌인 위나라 장 수 사마의와 대치하였습니다. 그런데 아무리 싸움을 걸어도 사 마의는 싸움에 응하지 않습니다. 제갈량은 반드시 사마의 군대 를 격파하고 시안西安을 차지해야만 위나라 수도인 쉬창許昌으로 갈 수 있는데 그가 꼼짝달싹 안 하니까 어떻게 해볼 도리가 없습 니다.

그래서 사마의를 자극하려고 사신使臣 편에 편지와 선물을 보 냈습니다. "나는 당신과 한번 싸워보고 싶다. 당신이 유리하다고 생각하는 날짜와 장소를 선택해서 내게 알려달라. 남자답게 당당하게 대결을 펼쳐보자! 만일 결투를 피하는 겁쟁이라면 차라리 이거나 입어라."라며 여자 옷을 선물로 보낸 것입니다.

사마의 참모들은 엄청나게 화가 났습니다. '어떻게 우리를 이렇게 욕보일 수 있는가.' 예나 지금이나 남자에게 여성스럽다는 말은 굉장히 실례의 말이죠. 상대방 남자를 가장 격분하게 만듭니다. 그때 사마의는 지시합니다. "조용히 하고 황제에게 편지를 띄워라. 내가 제갈량과 전투를 해도 될는지?"

그리고 사마의는 여자 옷을 입고서 제갈량의 사신에게 몇 가지 물었습니다. "궁금한 게 있는데 요즘 제갈량의 평소 업무량은 어느 정도인가? 승상의 식사량은 어느 정도고?" 그러자 사신이 자랑스럽게 대답했습니다. "승상께서는 새벽에 일어나서 밤낮없이 열심히 일하고, 식사는 반 공기 정도 드십니다. 정말 너무 열심히 일하셔서 우리는 참 편안합니다."

그 뒤 제갈량은 임무를 마치고 돌아온 사신으로부터 사마의 진영에서 일어난 자초지종을 듣고는 탄식을 합니다. '아! 모든 게 다 끝났다. 사마의는 내 의중을 정확히 꿰뚫어 보고 있구나.'

제갈량이 부하에게 설명하길 사마의가 '황제에게 전투 승낙을 받겠다'고 편지를 보낸 건 말도 안 되는 핑계라는 겁니다. "최전선에 나와 있는 장수는 원래 황제의 승낙을 받지 않고 전투를 하게 되어있는데 이는 옆에 있던 부장, 장수들의 흥분을 가라앉히고 시간을 끌려는 임기응변이다. 게다가 여자 옷을 입고 아무렇지도 않은 행색을 하는 뜻은 더는 대결에 호응할 뜻이 없다는 것이로구나." 하며 크게 낙담했습니다. 얼마 후 지친 몸을 이끌던 제갈량은 오장원 군영에서 병사하고 말았습니다.

공자孔子는 《논어》의 〈공야장〉에서 '아랫사람에게 질문하기를 부끄러워하지 말아야 한다.'는 '불치하문不恥下問'을 강조했습니다. 그런데 저는 21세기 경쟁 사회에 걸맞게 사자성어四字成語 하나를 새롭게 추가하고 싶습니다.

여러분이 사업상의 적敵이나 직장 내 라이벌에게도 묻기를 부끄러워하지 말라는 의미의 '불치적문不恥敵問'입니다.

《삼국지》 명장 사마의는 적군인 제갈량의 사신에게 물었습니다. "승상의 일상생활은 어떠시냐?" 그리고 사신의 대답에서 '제갈량이 국정에 무리하며 서두르는 걸 보면 건강에 이상이 생긴 이유'라는 중요한 정보를 찾아냈고, 자기 확신을 가졌습니다. 그리고 얼마 후 제갈량이 죽자 결국 싸우지 않고도 최후 승리하게 되는 결과를 낳았지요. 사마의는 손자가 병법서에서 최고의 가치로 갈파喝破한 바로 '부전이승不戰而勝'을 한 겁니다.

제자백가 한비자의 지혜론
고수와 하수론

❉

동양 제자백가 중에서 '조직 관리의 귀재'로 추앙받는 한비자韓
非子가 명언을 남겼습니다.

"자신의 능력으로 조직을 이끌어가는 사람은 하수下手이고, 타
인의 힘을 이용할 줄 아는 사람은 중수中手이며, 타인의 지혜를 이
용하는 사람이 상수上手이다下君盡己之能 中君盡人之力 上君盡人之智, 하군진기지
능 중군진인지력 상군진인지지."

말하자면 상대의 머리를 활용할 줄 아는 사람이야말로 비로소
고수高手가 되는 것입니다.

그렇다면 상대의 지혜를 이용하려면 어떻게 해야 할까요? 다
름 아닌 질문을 하는 것이 가장 좋은 방법이 되겠습니다.

질문의 효능과 질문을 잘하는 방법
경문, 반문, 탁문

❉

그렇다면 우리는 질문을 통해 무엇을 얻을 수 있을까요?

첫째로 여러분이 필요로 하는 콘텐츠contents를 얻을 수 있습니
다. 상대에게 던진 질문이 내가 알고 싶은 해답을 찾아주기도 하

고요. 우리에게 문제를 해결할 수 있는 대책을 찾아주기도 합니다.

둘째로 상대방에게 필요한 모티베이션motivation을 주기도 합니다. 질문을 받는 상대에게 동기를 부여하거나, 의욕을 고취하기도 하고 의지를 자극하기도 합니다. 셋째로 상호 간에 커뮤니케이션communication 역할을 합니다. 사람들 사이에서 지시와 질책, 설득, 강조 등의 역할을 할 수 있습니다.

그 외에도 질문은 약방의 감초와 같아서 색다른 효능도 많습니다. 상대방에게 '부탁할 때, 일깨움을 줄 때, 호감을 줄 때' 등 여러모로 질문은 인간관계의 탁월한 솔루션입니다.

가령 예를 들면 보고서를 잘못 작성해 온 부하 직원에게 "요즘 집안에 무슨 걱정거리라도 있어?"라고 말하면 대체로 그는 자신이 만든 보고서에 잘못이나 실수가 있는 것을 스스로 알아차릴 겁니다. 보고서의 잘못을 대놓고 지적해야 할 때도 물론 있지만, 때로는 지적질보다 질문형의 대화가 훨씬 더 상대를 각성시키는 효과가 있다는 걸 기억할 필요가 있습니다.

그렇다면 우리가 질문을 잘하는 사람이 되려면 어떻게 해야 할까요?

질문을 잘하는 방법으로는 3대 노하우know-how가 있습니다.

첫째는 '경문輕問'입니다. 언제 어떤 상황에서나 사용할 수 있는 '가벼운 질문'을 자주 하는 겁니다. 상대에게 "이걸 하시겠습니까?" "어떻게 하면 좋을까요?" 하고 상대 의향이나 생각, 입장 등을 손쉽게 물어보는 겁니다. 묻는 것만으로도 효과는 만점입니다. 우리 일상생활 중 가족이나 친구 관계, 그리고 직장에서 자주 사용해야 할 기본 대화법입니다.

둘째는 '반문反問'입니다. 상대의 말을 반복하며 되묻거나 상대의 말을 체크하듯이 되돌려주면 됩니다. "아 그러셨다고요?" 표현하면 상대가 다시 한번 더 세세하게 설명을 할 것입니다. 반문은 굉장히 좋은 질문법인데요, 여러분이 따로 연구하거나 준비하실 필요가 전혀 없습니다. 당장이라도 대화 시에 즉각 사용하시기만 하면 됩니다.

셋째는 '탁문卓問'입니다. 상대에게 잠자고 있는 숨은 지식이나 지혜를 끌어내거나 상대가 기분이 좋아져서 내게 호감을 갖게 만드는 질문입니다. 상대의 호감을 끌어내는 질문은 대체로 본질적입니다. 예를 들면 상대에게 "평소 꿈은 무엇입니까?, 금년의 목표는 무엇입니까?" 이런 질문은 상대를 굉장히 신나게 만드는 좋은 질문입니다. 어쩌면 5분, 10분 동안 열정적으로 자기 생각을 설명할지도 모릅니다.

그렇다면 고전에서 대표적인 '경문 사례' 2가지를 살펴보겠습니다.

가벼운 질문으로 성공한 인물들

오왕 합려와 송태조

❈

기원전 496년 춘추시대 말기 오나라와 월나라는 여러분이 잘 아는 '와신상담臥薪嘗膽'의 주인공들이 등장하는 나라입니다.

오나라 합려闔閭왕은 춘추시대 네 번째 맹주로서 이름을 드날렸는데요. 어느 날 남쪽 월나라를 쳐들어갔다가 화살에 맞아서 다치게 되고 얼마 후에 죽게 됩니다. 그는 죽기 전 아들에게 물었습니다. "나를 죽인 원수를 잊겠느냐?" 아들 부차는 "아버지, 절대로 잊지 않겠습니다!"라고 대답했습니다.

이 대화에서 우리가 주의 깊게 볼 점은 합려왕이 '나의 원수를 꼭 갚아다오!'라고 직접 지시형으로 말하지 않고, '너는 아비의 원수를 잊어버리겠는가?'라며 질문형으로 아들에게 물었던 것입니다. 아들은 아버지의 임종을 지켜보며 능동적으로 대답합니다. "저는 절대로 잊지 않고 꼭 아버지의 원수를 갚아 드리겠습니다."

그날 이후 아들 부차는 장작더미에 누워서 잠을 청합니다. 울퉁불퉁한 잠자리가 얼마나 불편하겠습니까? 매일 밤잠을 깰 때마다 아버지의 원수를 잊지 않겠다고 다짐했고, 결국 그는 2년 만에 원수를 갚게 되었던 겁니다. 이로써 '와신상담'이라는 고사성어가 탄생했습니다.

우리는 합려왕으로부터 지시형으로 '이렇게 하라!'가 아니라

'어떻게 하겠느냐?'라고 에둘러 질문하는 것이 훨씬 더 상대에게 동기부여가 된다는 것을 배울 수 있습니다.

서기 960년 장수 조광윤趙匡胤은 어느 날 갑자기 황제皇帝로 추대되었습니다. 본인의 의지와는 상관없이 석수신과 왕심기 등 여러 부하가 황제를 상징하는 옷인 황포를 입혀주고 그를 새로운 송나라의 황제로 모셨습니다.

송나라를 개국한 태조 조광윤은 어느 날 건국 공신들을 모두 모아 주연을 베풀면서 취기가 오르자 술잔을 들어 친히 술을 권하며 그들에게 물었습니다. "여러분들은 갑자기 황제가 된 나의 기분이 어떨 것 같은가?" "황제가 되면 기분이 너무 좋을 것 같습니다." "아니, 사실 나는 요즘 밤잠을 잘 못 잔다네." "왜요? 도대체 이유가 무엇입니까?"

송태조 조광윤이 대답 대신에 다시 묻길 "만일 당신들의 부하가 어느 날 내게 입혀준 황포를 입혀준다면 어떻게 할 거 같은가?" "에이 그런 일이 있겠습니까?" "나도 여러분이 그럴 줄 몰랐다. 그런데 황포를 입혀주니 어쩔 수 없더라. 아마 장수인 당신들도 갑자기 부하가 이 옷을 입혀준다면 사양하기 어려울 것이다."

조광윤의 부하 장수들은 황제의 잠자리가 왜 불편한지 이유를 이해할 수 있었습니다.

"그러면 황제시여, 우리가 어떻게 하면 좋을까요?" 얘기를 듣는 동안 장수들이 느끼는 바가 있었던 것입니다. "너희들이 평생

편히 살 수 있도록 재물을 줄 테니 지방에 내려가 안락하게 사는 게 어떻겠나?" 그러자 공신들이 모두 동의를 하고 물러났다고 합니다.

이 일화로 생겨난 유명한 고사성어가 '배주석병권杯酒釋兵權'입니다. 술을 한잔 부어주고 질문을 두어 번 잘해서 그들이 병권을 포기하고 다 물러나게 했다는 거죠. 어려운 질문이 아니라 쉽고 가벼운 질문을 잘 활용한 사례입니다.

대부분의 건국 황제들이 그렇듯이 한나라 고조 유방은 한신, 영포 등 주변의 공신들을 토사구팽으로 죽였고, 명나라 태조 주원장은 공신을 비롯해 무려 10만 명이나 죽였습니다.

그러나 송 황제 조광윤은 건국 공신을 반드시 숙청해야 한다는 일반 이론과 달리 부하들을 죽이지 않고 평화롭게 국가를 통치하고 이끌어갔던 황제로 남았습니다.

두 번째로 살펴볼 내용은 대표적인 '반문 사례'입니다.

반문으로 상대를 설득한 지혜

유방과 육가

❖

기원전 202년 한나라 황제 유방이 천하를 통일한 뒤에도 여전히 말을 타고 여러 신하를 만났습니다. 육가陸賈라는 신하가 "왕이시여, 이제 무기를 버리시고 말에서 내리십시오."라고 건의하자 유방이 이렇게 대답합니다. "무슨 소리야, 나는 말 위에서 천하를 얻었다네馬上得之, 마상득지." 그러자 육가가 반문합니다. "그럼, 말 위에서 통치하시렵니까馬上治之乎, 마상치지호?"

'아, 내가 말 위에서 통치할 수는 없지.' 순간 유방이 퍼뜩 깨달았습니다.

"알겠네. 자네 의견을 따르도록 하지." 이렇게 해서 그는 힘을 앞세우는 '무치武治'에서부터 맹자가 말한 '인의예지신仁義禮智信'을 중시하는 '문치文治'로 생각을 바꾸었다고 합니다.

"말 위에서 앉아서 통치하시겠습니까?"라는 육가의 질문은 상대방의 말을 그대로 돌려주는 반문의 좋은 사례가 되겠습니다.

세 번째로 살펴볼 내용은 대표적인 '탁문 사례'입니다.

본질적 질문으로 호감을 얻은 지혜

시진핑과 소개팅

❖

　중국 국가 주석인 시진핑習近平의 1986년에 있었던 재혼 일화입니다. 그가 이혼을 하고 33세 나이로 푸젠성 샤먼시 부시장일 때 친구의 주선으로 현재의 아내를 처음 만나는 소개팅에 나갔습니다. 상대는 나이가 불과 24세이며 인기 국민 가수로 각광받던 펑리위안彭丽媛이었습니다. 그녀의 입장에서 볼 때 나이 많은 30대 중반의 남자가 점퍼를 입고 나온 모습을 보고 '저 남자에겐 별로 호감이 안 가니, 잠시 후 핑계를 대고 나가야겠다.' 생각했는데 갑자기 시진핑이 이런 질문을 했다고 합니다. "노래를 하는 창법에는 몇 가지가 있습니까?"

　이 질문을 받고 그녀는 갑자기 생각이 바뀌게 되었다고 합니다. 여태껏 소개팅에 나온 남자들은 인기 연예인으로 알려진 펑리위안에게 주로 세속적인 것들을 물어보는데, 시진핑은 자신에게 본질적인 질문을 해서 호감이 생겼다고 합니다. 그래서 이 사람과 좀 더 대화를 해보고 싶다는 마음이 들었고, 그 후 다시 만남이 계속 이어져서 결혼까지 하게 되었다고 합니다.

　탁월한 질문의 단초가 되는 내용은 여러분이 대화를 나누는 상대에 따라 '저 사람에게 내가 물어볼 주제의 본질은 무엇일까?'를 염두에 두신다면 저절로 질문 소재가 떠오를 겁니다.

　그런데 우리의 일상생활에서는 탁월한 질문이 그리 필요하지 않습니다. 단지 상대방에게 의사를 묻는 경문형 대화법만으로 충분할 때가 많습니다.

일상생활 속 질문의 효용 사례담
주변인들의 체험

❈

얼마 전 모 지자체 초청 특강에서 질문의 효용성을 강조한 적이 있습니다.

그날 강의를 마친 후 티타임 시간에 군수님께서 말씀하셨습니다. "그렇잖아도 강의를 들으며 생각해 보니 제가 아내에게 번번이 당하고 있어요." 어제만 해도 TV를 시청 중인 그에게 아내가 "여보, 지금 부탁 하나만 해도 돼요?"라고 하길래 별생각 없이 "네, 뭔데요?"라고 대답했답니다. 그러자 "침실 정리 좀 해줄 수 있어요?"라고 물어봤다고 해요. 그는 아내가 부탁한다고 했을 때 이미 대답을 했으니 그 부탁을 거절하기가 난감했다는 겁니다. 그래서 그가 속으로 '나는 착한 남편이다.' 생각하면서 아내의 요청을 실행해 주었답니다. 그런데 만일 아내가 자신에게 "침실 좀 정리해 주세요!"라고 지시형으로 말했다면 "나 지금 피곤해요." 라고 거절했을 거라는 말을 덧붙였습니다.

우리가 자녀에게 "아빠가 부탁 하나만 해도 될까?"라고 질문형으로 말한 뒤에 심부름을 부탁해 보세요. 훨씬 수월하게 자녀들이 심부름에 응하는 걸 체험하실 수 있을 겁니다.

여러분도 일상생활에서 서술형이나 청유형 말투를 사용하기보다 의문형, 질문형으로 대화를 진행해 본다면 보다 만족스러운 결과를 얻을 수 있을 것입니다.

친한 고향 후배가 미국에서 하버드대 케네디 스쿨을 졸업하고 대통령 사회복지수석실의 과장으로 재직할 때입니다. 그가 청와대 업무에 적응이 될 무렵 귀국 인사차 저녁 식사를 초대하여 함께 내화를 나누게 되었습니다. 제가 케네디 스쿨 교수진으로 있는 석학들의 탁월함에 대해 질문을 했습니다. 그런데 뜻밖의 대답을 들었습니다. 자신이 하버드대에서 배운 것보다 당시 청와대의 고故 박세일 사회복지 수석님으로부터 3개월간 배운 게 훨씬 많다는 겁니다.

저는 구체적인 사례가 궁금해서 다시 물었습니다. 그는 부서 내 '보고서 제출과 피드백'을 대표적인 사례로 들었습니다. 박 수석님께서 불러서 가보면 이런 말을 한다고 합니다. "이게 과연 이런 거였나?" "내가 뭘 잘못 알고 있었던 건가?" 이런 질문을 받고 보고서를 다시 들여다보면 틀림없이 자신이 작성한 보고서에 오류가 눈에 띈다는 겁니다. 박 수석님으로부터 한 번도 잘못을 바로 지적받은 적은 없지만 항상 긴장하게 되고 조심성이 배가 되고 있다고 말했습니다.

의문부호인 물음표(?)가 들어가는 대화법이 성공하는 대화의 첫걸음입니다.

여러분도 질문이 담긴 대화로 상대의 마음을 곧장 움직일 수 있습니다. 일상생활에서 즉각적인 효과를 체험하실 수 있습니다. 질문은 우리에게 상대를 움직이는 용인술用人術의 세계로 안내할 것입니다.

최근 제가 어떤 손님과 대화 도중에 물었습니다. "죄송하지만 말씀하신 내용을 제가 메모해도 될까요?" 그가 답하길 "아, 네, 물론입니다." 일상적 대화에서는 상대에게 양해를 구하지 않고 메모해도 무방합니다만, 제가 본인에게 질문으로 양해를 구하는 순간 그는 신나서 더욱 힘주어 말합니다.

"그래서 제가 말이죠…" 하면서.

2강

———

인간관계,
얼마만큼 잘해줘야 하나요?
● 마음의 지혜 ●

"예로부터 사람이 마냥 좋으면
일을 제대로 이루지 못한다더니 好人難做, 호인난주,
아이고 참 안타깝구나,
우리 형님 유비는 사람만 좋았지
저래서 큰일을 어떻게 할 것인가?"

_《삼국지》

　여러분은 가족, 직장 동료나 상사 부하 직원 또는 사회 선후배나 교우 관계에서 '상대에게 얼마나 잘해줘야 적절한가?'를 고민해 보신 적이 있으십니까?

　우리는 어린 시절 가정과 학교에서 '착한 마음을 가져야 한다. 남에게 베풀어야 한다.'라고 끊임없이 배워왔습니다. 하지만 막상 어른이 되어 사회생활을 하다 보면 진실한 마음으로 잘해주었지만 또 그 마음으로 인해서 오히려 문제가 될 때도 있고, 후회하는 경우도 의외로 많습니다.

　정말 저는 인간관계의 상대 또는 처한 상황에 따라서 그 사람에게 얼마큼 마음을 주고, 또 어느 정도까지 잘해줘야 할지 고민스러울 때가 한두 번이 아닙니다.

2000년대 들어 조그만 벤처 회사를 창업하고 경영하면서, 저는 '구성원들을 어떻게 하면 일류로 만들 것인가? 직원들의 사기 진작을 위해 무엇을 할 것인가?'에 관하여 고민을 하게 되었습니다.

그래서 회사 구성원들이 더 큰 꿈을 갖고 견문도 넓힐 수 있도록 창업 초창기 2년간 전 직원 해외여행을 무리해서라도 매년 3~4번씩 보냈죠. 과연 이러한 시도는 몇 년 후 어떤 결과를 가져왔을까요? 조직 사회는 보너스나 복지 혜택 등 회사가 잘해주는 만큼 성과가 정비례해서 나오는 걸까요?

저는 이러한 문제에 대한 해답을 얻기 위해, 유명한 역사책이나 인문 고전에서 각종 사례를 찾아보기로 했습니다.

리더와 팔로워의 마음

오기와 연저지인

중국 전국시대, 위나라에는 명장으로 이름이 드높은 병법가 오기吳起 장군이 있었습니다.

그의 저서 《오자병법》은 무경칠서武經七書의 하나로 《손자병법》과 쌍벽을 이루는 병법서로 유명한 고전입니다. 그런 오기의 성품은 사마천의 《사기》의 일화 속에서 잘 드러나는데 오기 장군은 지위가 가장 낮은 병사들과 더불어 허름한 옷을 입고 함께 거친 음식을 먹었다고 합니다. 즉 높은 직책의 장수라고 하여 혼자 좋은 옷을 입거나 맛있는 음식을 별도로 먹지 않고, 병사들과 모든 것을 함께하였다는 것이지요. 그래서 병사들은 평소 오기 장군을 존경했다고 합니다吳起與士卒 同衣食. 오기여사졸 동의식.

그러던 중 위나라가 이웃 진나라를 공격하던 어느 날 한 병사가 절뚝거리고 있는 것을 본 오기 장군이 그 병사를 부릅니다. "왜 그렇게 걸음을 제대로 걷지 못하고 있는가?" "발에 종기가 나서 걸음을 걷기가 힘듭니다." 그 말을 듣자마자 오기 장군은 다른 병사들이 보는 앞에서 입으로 그 병사의 고름을 빨아주었습니다. '연저지인疽疽之仁'이라는 고사성어가 여기서 생겨납니다. '연疽'은 흡입한다, 입으로 빤다는 뜻이고 '저疽'는 등창, 종기라는 뜻이니까, 상처의 고름을 입으로 빨아주는 어진 마음을 뜻하는 고사성어입니다.

이렇듯 높은 계급의 장수가 자신의 상처에 생겨난 더러운 고름을 빨아준다면 병사의 마음은 어떠할까요? 그 병사는 누가 강요하지 않아도 장군의 은혜에 보답하기 위해 죽음을 불사하고 앞장서서 싸우게 될 것입니다.

제가 용산 합참본부에서 오기 장군을 소재로 강의를 마친 후 몇몇 현역 장군들에게 물었습니다. 그들은 설령 오기 장군의 고사를 알더라도 현장에서 선뜻 실천할 수 있는 장군은 오늘날 흔치 않을 거라고 답합니다.

저도 스스로 자문자답해 봤지만 오기 장군처럼 병사 발의 썩은 고름을 입으로 빨아줄 만큼 솔선수범할 자신이 없습니다. 마음속으로 '내가 오기만큼 선한 실천력이 부족한 건 아닐까?' 하고 저를 한번 돌아보게 되는 계기가 되었습니다. 그래서 가능한 한 우리 회사 구성원들에게 더 잘해줘야겠다고 다짐했습니다.

한편 오기처럼 인애仁愛를 베풀면 항상 좋은 결과가 따라올까요? 상대에게 남다른 인의를 베풀었으나 실패한 사례는 고전에 없을까요? 과연 오기의 '인애 리더십은 성공의 필요충분조건일까?' 궁금해졌습니다.

잘못 베푼 인애의 결과
공자와 재판

춘추시대 노나라의 공자에게 어느 날 재판이 맡겨졌습니다.

피고는 전쟁터에서 세 번이나 도주하다가 붙잡힌 병사였습니다. 공자가 죄인에게 물었습니다. "전쟁터에서 어찌하여 한두 번도 아니고 세 번씩이나 도망칠 수가 있단 말이냐?" 그러자 그 병사가 말했습니다. "내가 죽게 되면 병환에 누워계시는 늙으신 우리 아버지를 돌볼 사람이 없습니다. 그래서 노부를 생각하면 저는 전쟁터에 나가 죽을 수 없습니다吾有老父 莫之養也, 오유노부 막지양야."

이 이야기를 들은 공자는 "네가 비록 잘못은 저질렀지만 참으로 효자로구나. 너 같은 효자는 벼슬을 하는 게 더 좋겠다." 공자는 이 효자를 오히려 관리로 올라가도록 추천을 해서 벼슬을 하게 해주었습니다爲孝擧而上之, 위효거이상지.

하지만 공자가 도망가려 한 병사에게 상을 베푼 그 뒤 전쟁터에서 노나라 백성들은 쉽게 항복을 하고 달아나는 것을 예사로 생각하였다고 합니다魯民而降北, 노민이항배. 무슨 뜻일까요? '공자가 도망가려 한 사람에게도 벼슬을 주었다.' 이런 소문이 돌아서 백성들 사이에서는 '도망가도 처벌을 안 받는데 무슨 걱정이야.'라고 생각했다는 것이지요.

공자는 평소의 지론인 인애를 실천했지만 그 결과는 참담하리만치 나쁜 결과를 낳았습니다.

결국 인애는 아무 때나 베푼다고 좋은 게 아니라 공자의 사례처럼 그 상황에 따라 결과는 판이해질 수 있다는 것을 우리가 알 수 있습니다. 그뿐만 아니라 인애는 상대방의 인품에 따라 전혀 다른 결과를 낳기도 합니다.

인애의 대차대조표 흑자 사례

유비와 서서

❖

《삼국지》의 격전장에서 유비劉備와 그 참모들이 전쟁에 나가게 됩니다. 유비는 젊은 시절인 30대에 관우關羽와 장비張飛를 만나 도원결의桃園結義하고 중국 중원을 누볐지만 지략 없는 용맹만으로는 노력에 비해 큰 성과를 거두지는 못하였지요. 그러던 중 허난성 신야新野에서 지략의 대가인 서서徐庶를 만남으로써 조금씩 성과를 거두게 됩니다.

그런데 어느 날 참모 서서가 유비를 찾아와 뜻밖의 고민을 털어놓습니다. 조조曹操가 북쪽 위나라 수도 쉬창許昌에서 서서의 어머니를 볼모로 잡고 편지를 보내온 것입니다. 편지의 내용은 서서에게 어머니가 있는 쉬창으로 오지 않으면 노모를 죽이겠다고 협박하는 내용이었지요.

이 얘기를 들은 유비는 매우 고민하게 되었습니다. 이제 겨우 전략가 서서를 만나서 난세를 평정해 볼 수 있다고 생각했는데, 서서가 어머니의 볼모 신세를 해결하기 위해 조조에게 투항을 하겠다고 하니 말입니다. 당시 고민하는 유비에게 주변 사람들은 말하지요. "그게 무슨 고민할 일입니까? 시간을 좀 끌다 보면 조조가 노모를 죽일 것이고, 그러면 서서가 원한에 맺혀서 더욱더 당신에게 충성할 게 아닙니까?"

그러나 유비는 말합니다. "인자무적仁者無敵이라, 따뜻한 사람은 적이 없어야 한다. 어찌 내가 잘되고자 서서와 어머니 사이에 훼방을 놓을 수 있겠는가."라고 하면서 유비 자신에게는 정말 보물과도 같은 존재인 서서를 조조에게 가도록 허락하였습니다.

서서는 유비의 배려에 감동하여 부둥켜안고 울며 작별 인사를 하고 헤어졌지만 얼마 후 서서가 가던 길을 다시 되돌아왔습니다. 유비는 서서가 마음이 변하여 다시 돌아왔다고 생각하고 무척 반겼는데 서서는 뜻밖의 말을 꺼냅니다. "제가 급히 가느라 깜박하고 전하지 못한 말이 있습니다. 저보다 훨씬 뛰어난 인재가 후베이성 융중隆中이란 곳에 살고 있습니다. 꼭 찾아가 보십시오." 이에 유비가 묻습니다. "도대체 그는 얼마나 뛰어난 실력자이기에?" 서서가 답하길 "저는 그 사람에 비해 족탁불급足脫不及, 맨발로 뛰어가도 그 능력을 따라갈 수 없습니다."

이 말을 듣고 유비는 관우와 장비를 데리고 융중으로 그를 세 번 찾아갑니다. 그리하여 삼고초려三顧草廬 끝에 27세의 젊은 제갈량諸葛亮을 만나게 되었습니다. 이제 유비는 47세 늦은 나이에 천하의 제갈량을 얻음으로써 꿈의 나래를 펼칠 수 있었던 겁니다. '인자무적仁者無敵, 따뜻한 사람은 적이 없다.' 대차대조표상 당장은 손해를 보았지만 얼마 후에 전화위복이 되어서 더 큰 성과를 내었다는 것을 유비와 서서의 사례로 다시금 느껴볼 수 있었습니다.

그렇다면 앞서 인자무적으로 성공 사례를 보여준 유비는 인애를 베풀어 항상 성공한 것이었을까요?

인애의 대차대조표 적자 사례
유비와 여포

❈

《삼국지》에 보면 유비가 서주의 맹주로 있을 당시, 여포呂布라는 장수의 투항을 받아서 수하에 데리고 있었습니다.

그런데 수도 쉬창으로부터 젊은 황제였던 유협이 편지를 보내왔습니다. 물론 황제 배후에는 조조가 있었지요. 유비가 편지 내용을 읽어보니 "여포는 원래 정의감이 없는 나쁜 놈이다. 다른 여지없이 죽여라呂布本無義之人 殺之何礙, 여포본무의지인 살지하애." 이렇게 기록이 되어있었습니다. 유비는 이를 보고 조금의 고민도 하지 않고 이렇게 말을 합니다.

"여포는 현재 궁지에 처해 나에게 투항하러 온 사람이다. 그런데 어찌 내가 그를 죽일 수 있겠는가, 인의를 아는 사람은 상대가 궁지에 몰렸을 때는 그를 해하지 않는 법이다他勢窮而來投我 我若殺之亦是不義, 타세궁이래투아 아약살지 역시불의."라고 하며 황제의 편지를 무시해버렸지요.

이 상황을 지켜보던 장비가 말합니다. "예로부터 사람이 마냥 좋으면 일을 제대로 이루지 못한다더니好人難做, 호인난주, 참으로 안타깝구나. 우리 형님 유비는 사람만 좋았지 저래서 큰일을 어떻게 할 것인가?"라고 한탄을 했던 것입니다.

장비의 우려대로 얼마 후 여포가 유비를 쫓아내게 되고, 유비는 결국 쉬창에 있던 조조에게 투항해 그의 수하로 추락하는 신세가 되고 맙니다. 유비는 '인자무적'이므로 따뜻한 사람은 적이 없다고 우리에게 좋은 모범을 보였지만 '호인난주'라는 사자성어에 기대어 보면 그가 자초한 많은 어려움이 인애에서 비롯되었다는 것을 우리가 쉽게 알 수 있습니다.

결국 인애도 상대에 따라, 즉 착한 서서에게는 가치가 있었지만 악인인 여포에게는 오히려 나쁜 독이 된 결과입니다. 우리는 내가 착한 사람이 되어 인애를 베풀기에 앞서 상대가 어떤 심성의 인물인지 먼저 감별하여야 할 것입니다. 어떤 분들은 사람을 인애로 교화해서 개심시켜야 하지 않냐고 반문합니다. 그러나 "사람은 고쳐서 쓰는 게 아니다."라는 속담마저 있습니다. 세상 도처에 의외로 고칠 수 없는 악인이 많이 도사리고 있다는 걸 명심해야 하겠습니다.

그렇다면 인애는 여포 같은 악인에게만 베풀지 말아야 할까요? 인애는 상대의 인품과는 상관없이 절대로 베풀지 말아야 하는 무조건적인 상황도 있습니다.

어리석은 인애의 결과

송양공의 홍수 대전

❖

춘추시대 송나라와 남쪽의 초나라가 '홍수泓水'라는 강을 사이에 두고 일대의 격전을 벌이게 되었습니다. 당시 송나라의 군주 '양공襄公'이라는 인물이 국가 지도자였는데 그는 항상 사람은 바르게 살아야 한다고 주장을 하였지요. '목이目夷'라는 참모가 "지금 적군이 홍수를 건너오고 있습니다. 우리도 공격해야 할 때입니다."라고 보고하자 양공이 말하기를 "우리는 인의의 군대이다. 어찌 우리가 지금 강을 건너오는 저 적군에게 칼을 들이댈 수 있겠는가? 사람으로서 할 짓이 아니야."라고 하며 군사들을 기다리게 했습니다. 얼마 후 적군이 그 강을 건너와 흩어진 전열을 재정비하려 하고 있습니다. 이때 목이가 다급하게 다시 건의했습니다. "더 늦기 전에 지금 공격해야 할 것 같습니다. 저들이 전열을 정비하면 우리가 불리하게 됩니다."라며 다시금 공격을 재촉합니다. 그러자 "어허, 내가 좀 전에 우리는 '인의 군대'라고 하지 않았느냐. 기다려라, 적이 당당하게 채비를 차린 후에 일대 격전을 벌이자."

마침내 도열을 마친 적군과의 전투에서 송나라 양공의 군대는 초나라 군대에 참패를 당하였고, 이 전투에서 다쳤던 양공은 얼마 후에 죽고 말았습니다.

후세 역사가들은 그의 어리석음을 두고 '송양지인宋襄之仁'이라

칭하였습니다. '송나라의 양공이 인仁을 베풀었는데 이 인은 참으로 어리석은 인이다.' 베풀지 말았어야 할 인이었다는 겁니다. 본인이 처한 상황이나 분수도 망각한 채 무조건적으로 남을 동정하여 인애를 베푸는 어리석음을 일컫는 말입니다. 송양공은 자신의 '인애 가치관' 실천을 위해 전투의 정황을 제대로 통찰하지 못한 결과 결국 패망하고 말았습니다.

착한 사람의 강박관념

굿 가이 콤플렉스

우리가 사회생활에서 반드시 알아야 할 대인 관계 주의 사항이 있는데요. 바로 굿 가이good guy 콤플렉스, 즉 '언제나 좋은 사람이 되어야 한다.'라는 일종의 강박관념입니다. 무조건 인애를 베푼 송나라 양공의 자세는 결코 좋은 게 아니라는 겁니다.

제가 20대 후반 국회에서 비서관으로 근무할 때 이야기입니다. 어느 날 식사를 하러 가는데 국회의원회관 옆 벤치에서 어떤 50대 여성 일행이 울고 있습니다. 그래서 그분들과 대화를 하게 되었지요. 이분들은 동대문 주변에 살고 있는데, 사업체를 모두 빼앗겼다는 겁니다. 호기심이 생겨 자초지종을 물었더니, 종업원으로 함께 일하던 동생 부부가 사업 매출이 많아서 세금이 많이 나온다고 사업자 등록을 나누는 게 좋겠다고 해서 동생 부부의 말이라 믿고 따랐다고 합니다. 그런데 얼마 후 알고 보니 새 사업 자등록 쪽으로 일을 다 가져가서 결국 매출을 다 빼앗겼다는 거예요. 이걸 다시 찾고 싶어서 지역구 의원을 만나러 왔는데 해결책이 없다는 말을 듣고 망연자실해서 울고 있다는 것입니다.

이 얘기를 듣고 젊은 혈기에 정의감이 생겨 처음 보는 이분을 도와드리기로 마음먹었습니다. 그래서 이분의 연로하신 부모님과 나머지 형제 등 대가족들을 만나 사실관계를 확인하고 서울 북부지검의 담당 임 모 검사님을 찾아가 도와드릴 방법을 물었습니다. 복잡한 증빙서류 준비부터 심지어 증인이 필요하다고 해서 자금을 빌려준 이분 동네 사람들을 만나 설득하기도 했습니다. 이렇게 힘들게 뛰어다닌 결과 결국 동생 부부를 구속시키고 빼앗긴 돈을 찾아드렸지요.

3개월이 지난 어느 날 지하철에서 그 동네 증인분을 우연히 만났습니다. 저는 울고 있던 이 여성이 이제 사업체도 찾고 행복하게 잘 살 줄 알았습니다. 그걸 원하고 저 역시 그렇게 발 벗고 나서서 도와드렸던 것이고요.

그런데 참으로 안타까운 이야기를 들었습니다. 그 여자 사장이 동네 목욕탕집 남자와 바람이 나서 돈을 다 가지고 도망갔다는 거예요. 동생 부부는 혼자 사는 큰언니가 바람난 징후를 느껴서 사업자등록을 분할한 김에 가족 보호 차원에서 사업체 돈을 지키려 했던 것입니다. 그런데 갑자기 나타난 저의 활약으로 인해 남아있던 대가족들은 다 같이 거지 신세가 되었다는 거지요.

저는 검찰청 앞 설렁탕 집에서 점심 한 번 얻어먹은 게 전부였습니다. 오로지 착한 마음으로 그분을 도와드렸는데 저는 결국 그 가족들을 망하게 만든 원흉이 되어버린 것이지요. 선한 오지랖이 문제를 일으킨 것입니다. 저는 생고생하며 인애를 베풀었으나 한 가정에 오히려 큰 잘못을 저지른 것 같아 정말 죄송해서 잠자리에 누운 채 마음이 실로 쓸쓸해졌습니다.

인애의 '과유불급' 사례담
춘추시대 계영배

제가 한창 벤처 회사를 운영하던 시절, 손님과 저녁 식사를 하고 다시 야근할 때가 종종 있었습니다. 그날도 회사 손님과 약주를 한잔하고 다시 일하기 위해 사무실로 돌아오는데 갑자기 누군가 말을 걸어왔습니다. "선생님, 죄송하지만 대리운전 필요하지 않으십니까?" 갑작스러운 제안에 그 이유를 물었더니 그는 대리운전 기사인데 어떤 분의 호출을 받고 멀리서 달려왔지만 이분이 현장에 없더라는 겁니다. 그는 이대로 돌아가려니 아쉬워하던 차에 저를 발견하고 혹시나 하는 마음에 제게 말을 걸어 보았던 것입니다.

"저는 회사가 바로 앞이고 다시 들어가서 일을 할 겁니다." 거절하고 발걸음을 옮기는데 신호등 앞에 서 있는 그가 매우 안쓰러워 보였습니다. 그래서 다시 돌아가 이런저런 대화를 나누게 되었습니다.

그는 원래 벤처 회사에 다니던 중 회사가 어려워져서 6개월간 휴직을 하고 있다고 하였죠. 그 휴직 동안 아내가 대리운전이라도 해서 돈을 벌어오라고 등을 떠밀었다고 합니다. 그의 사연을 듣자 안타까운 마음에 '서로 돕고 살자'는 제 안의 인애심이 발동되었습니다. 마침 그가 회사에서 해왔던 업무를 들어보니 우리 회사와도 잘 맞을 것 같아 그에게 6개월간 임시 고용을 제안하였지요. 그는 무척 감사해하며 6개월 동안 회사를 잘 다니고, 다시 그가 다니던 원래 회사로 돌아갔습니다.

그런데 얼마 후 저는 이 직원으로부터 퇴직금 요청을 받았습니다. "아니, 원래 퇴직금은 근로기준법상 1년 이상 근무한 사람에게 지급하게 되어있는데 6개월 근무를 하고 어떻게 퇴직금을 요구하십니까?"라고 답하고 퇴직금을 지급하지 않았습니다.

며칠 후에 고용노동청으로부터 우편물이 왔습니다. 직원에게 퇴직금을 주지 않았다고 조사를 받으러 오라는 것이었죠. 그래서 고용노동청 조사관에게 가서 자초지종을 이야기했습니다. 물론 당연히 퇴직금을 지급하지 않아도 되는 것으로 판정이 났지요.

하지만 마음이 참 무거웠습니다. 나는 좋은 마음으로 기회를 제공했는데 최종적으로 돌아온 것은 고용노동청으로부터의 고발장이니 말입니다.

나중에 그가 고발한 사연을 듣자 하니 그 사람의 부인이 이렇게 말했다고 합니다. "그 사장 인심이 좋은 것 같은데 가서 퇴직금 한번 달라고 해봐요. 그 사람은 내가 보기에 퇴직금 달라고 하면 줄 수도 있는 사람 같아. 혹시 알아요? 1년 안 됐지만 달라고 하면 반년 치라도 줄지…."

이 얘기를 듣고 저는 크게 반성했습니다. '평소에 나는 바보같이 인애를 베푼다고 베푸는데 돌아오는 건 나를 만만하게 보고 내게 더 큰 것을 원하는구나.' 착잡한 심정을 이루 말할 수가 없었습니다.

춘추시대 천하에 유명한 계영배戒盈杯라는 술잔이 있었습니다.
'계영배'란 의미는 '계戒'가 '경계하다'라는 뜻이고 '영盈'은 '가득차다'입니다. 술을 부었을 때 가득 차는 것을 경계하는 잔이라는 뜻입니다. 이 계영배는 술을 빈 잔 속에 채우면 잔 높이의 70% 선을 넘어서는 순간 곧바로 그 잔의 모든 술이 아래로 흘러버려서 잔이 텅 비어버리게 됩니다. 술을 따를 때 조금만 더, 조금만 더 욕심을 부리다가 모든 걸 잃어버릴 수도 있다는 것입니다.

춘추시대 때 제나라 군주 환공이 계영배를 옆에 두고서 '항상 지나치지는 말자.'라고 교훈으로 삼았다고 하는데요. 이는 공자가 논어에서 말한 '과유불급過猶不及' 의미와도 일맥상통합니다. 과한 것은 모자람만 못하다는 거죠.

우리는 세상의 다양한 삶 속에서 매사에 적정선을 지킨다는 게 참으로 필요하다는 걸 다시금 알게 됩니다. 따뜻한 인애조차 너무 과하게 주변 사람들에게 베풀어 준다면 불급만 못하다는 것을 저는 새삼 깨닫게 되었습니다.

착한 인물의 실패 이야기

드라마 〈미생〉 김대리

한때 인기리에 방송되었던 〈미생〉이라는 드라마가 주목받았습니다. 그 드라마의 14화에 보면 사람 좋기로 유명한 김 대리가 소개팅을 하는 에피소드가 나오는데요. 어느 날 그 김 대리가 소개팅에서 처음 만난 여성이 참 마음에 들었습니다. 그래서 헤어질 무렵 다음번 데이트를 신청하였지요. 그런데 여성이 거절합니다. 당황한 김 대리가 곤혹한 표정을 지으면서 물어봤습니다. "왜 제가 싫으십니까?"

그 여성이 말합니다. "우리 아버지가 사람이 너무 좋아서, 어머니가 평생 고생하는 걸 보았습니다. 남편이 밖에서는 사람 좋다는 소릴 듣는다면 같이 사는 사람은 참 힘들 거 같아서요."

김 대리 당신은 사람이 너무 좋아서 오히려 평생의 반려자는 아니라고 생각한다는 의미입니다.

우리는 소싯적부터 늘 착한 사람이 되라고 배웠고 실상 김 대리는 그 가르침에 걸맞은 착한 사람이 되었지만 아이러니하게도 그 착함으로 인하여 퇴짜 맞는 너무나 안타까운 결과를 맞이해야 됐던 겁니다. 인애는 오늘날과 같이 격변하고 치열한 세상에서는 경쟁력이 떨어질 수 있다는 것도 우리는 염두에 두어야 할 것입니다.

일상생활 속 성공과 실패의 사례담
벤처 회사와 복지

✳

다시 처음에 제기한 동기부여와 회사 성장의 함수관계 얘기입니다.

2년간 직원들에 대한 해외여행 등 복지를 과하게 시행한 결과, 회사는 성장 없이 실패로 끝이 났습니다. 회사는 실적이 없어도 복지는 계속 유지되었고 직원들의 헝그리 정신은 사라지고 기대는 마냥 커져만 갔습니다.

인간의 본성은 성과 없이 보너스를 자주 주고 다양한 복지 혜택을 주면 그만큼의 성과는 나오지 않고 오히려 계속 좀 더 베풀어 주기를 바라게 됩니다. 경영자가 과하게 베풀다 보면 직원은

과도한 기대를 하게 되는데요. 성과가 없음에도 채찍은커녕 해외 여행의 혜택을 계속 받자 기강은 해이해져만 갔던 것입니다.

주는 자와 받는 자의 입장에 관한, 인간 보편적 심리를 한번 생각해 보겠습니다.

사람들에게 열 번 중에 아홉 번 잘해주다가 "형편이 안 좋아서 이번에는 내가 베풀지 못하겠어."라고 말하면 그들의 반응이 어떨까요? 그들은 아홉 번 은혜를 입었지만 한 번 거절을 당하면 인상을 씨푸립니다. 그 반대의 경우도 역으로 성립됩니다.

제 거래처 중에 회사에서 갑질하기로 소문난 분이 있는데, 이 사람이 회사 내에서 고속 승진을 하더니 어느 날 회사를 차려서 잘살고 있습니다. 직원들에게는 매우 인색하고 갑질도 여전한데 말입니다. 가끔 지인을 만나러 그 회사에 가보면 갑질하는 사장으로 인해 직원들이 불만도 많고 항상 표정이 좋지 않습니다.

그런데 어느 날은 직원들이 분위기도 밝고 기분 굉장히 좋아 보였어요. 무슨 일인가 싶어 물었더니 이번에 보너스가 나왔다는 거예요. 게다가 직원들이 힘주어 말합니다. "우리 회사 참 다닐 만한 회사예요." 사장이 아홉 번 괴롭히다가 한 번 잘해주었는데 말입니다. 참 허탈한 마음을 지울 수 없었습니다.

그래서 돌아와서 생각했지요. '내가 직원들에게 지금 너무 잘해주고 있는 게 혹시 문제가 있는 것인가?' 우리 회사 구성원들은 공자의 재판에서 도주한 병사를 관료로 등용한 사례처럼, 저의 따뜻한 동기부여가 직원들에게 잘못 해석되거나 기대 상승을 불러일으켜 나쁜 결과를 낳고 있다는 걸 뒤늦게 깨달았습니다. 나태해진 구성원들의 잘못이 아니라 인간 심리를 소홀히 분별한 저의 잘못된 조직 경영 방법이 문제점이었던 것입니다.

결국 저는 생각을 바꾸었습니다. '나도 직원들에게 잘해줄 때는 잘해주고 아닐 땐 아니어야겠구나.' 그래서 계영배의 7:3 황금비율로 바꿔봤습니다. '70%는 잘해주고 30%는 내가 좀 아껴두거나 혹은 그들의 기대에 좀 벗어나는 정도로 하는 게 좋겠다.' 그렇게 구성원들이 뭔가 꼭 필요로 할 때는 제가 그것을 채워주는 방법으로 바꿨습니다. 그랬더니 신기하게도 회사가 단기간에 성과를 내는 결실을 맛볼 수 있었습니다.

우리는 사회생활에서 언제, 어디서, 어떻게 착해져야 할지 더욱 현명하게 판단할 줄 알아야 합니다. 무조건 착한 것은 문제를 일으킬 수 있기 때문입니다.

가령 길에서 쓰러진 환자를 발견한다면 무조건 그를 업고서 병원으로 달려갈 생각을 먼저 할 게 아니라 119에 신고해서 구급차가 달려오도록 해야 합니다. 나의 착함으로 그를 업고 달려가는 선행이 오히려 나쁜 결과를 초래할 수도 있습니다.

우리는 늘 현명하게 착해야 하고, 또 우리 후학들에게도 더욱 슬기롭게 선하도록 교육해야 할 것입니다.

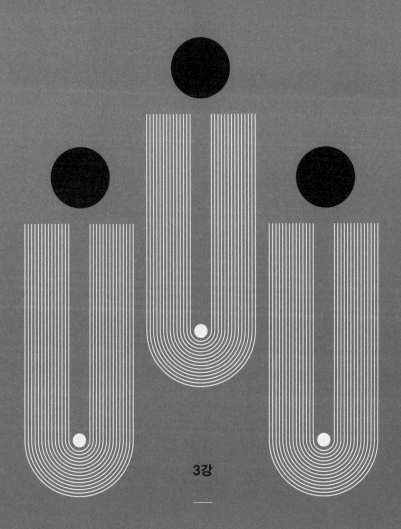

3강

매정한 마음은
얼마나 필요할까요?

• 처세의 지혜 •

"어허 이 사람아.
내가 살고 나서 자식이 있는 것이지,
우리가 다 같이 잡혀 죽으면
무슨 소용이 있단 말인가.
내가 이렇게 피신을 한 뒤
훗날 항우를 격파한다면
내가 자식들을 찾아올 수 있는 것 아닌가."
_《초한지》

　여러분은 삶 속에서 그냥 착하게 넘어가자니 더 큰 걱정거리가 생길 것 같고 또 그렇다고 해서 좀 매정하게 하자니 사람의 도리가 아닌 것 같아 망설인 적이 있으십니까?

　대부분의 사람은 가족, 친구, 연인, 직장 동료 등 수많은 인간관계에서 이러지도 저러지도 못하고 고민하게 되는 경우가 실로 너무나 많다고 합니다.

　저는 10년간 벤처 회사를 경영하면서 운 좋게 큰돈을 벌게 되었습니다. 그래서 강남 서초동에 회원제 외식점을 하나 열었는데요, 가입 회원 2,000명에 이르기까지 두 번 확장하다 보니 어느새 400평 정도 되는 큰 규모의 식당이 되었습니다. 회원 손님은 많았지만, 회원제 성격상 고급 인건비가 너무 많이 지출되다 보니 적자가 생기기 시작했습니다. 그래서 이런저런 방법을 모색해 보았지만 결국 고급 인력을 구조조정하는 수밖에는 방법이 없다는 결론을 내리게 되었는데요. 그러나 막상 직원들을 정리해고하자니 도저히 말할 엄두가 나질 않았습니다.

다른 방법을 찾아보자는 생각에 그대로 고용을 유지하며 한참을 끌고나가다 보니, 누적 적자가 더욱 커져서 '어쩌면 이러다가 다 함께 망하는 게 아닌가.' 하는 더 큰 근심이 생겼습니다.

그래서 저는 이러한 문제에 대한 답을 얻기 위해, 역사상 유명한 고전에서 각종 사례와 해법을 찾아보기로 했습니다.

백성을 사랑하여 자초한 위기

유비와 《손자병법》

❖

서기 208년, 중국의 후한 말기에 위나라의 조조가 허난성 신야에서 유비와 대치 형국에 있었습니다.

조조가 엄청난 규모의 군대를 이끌고 침략하여 유비의 군대는 계속 남쪽으로 도주할 수밖에 없었는데요. 이러한 급박한 상황에서 무려 10만 명의 백성들이 유비를 따라 피난길에 나서겠다고 하여 난처한 상황에 빠졌습니다. 참모들은 군대가 움직이는데 장애가 되니 피난민들을 버리고 가야 한다고 조언합니다. 하지만 유비는 말합니다. "내가 어떻게 이 백성들을 버리고 갈 수 있단 말인가?" 이렇게 얘기하고는 계속 백성들과 동행하기를 고집했습니다. 결국 백성을 품느라 조조에게 따라 잡히고 유비는 아내 한 명을 잃으며 구사일생으로 목숨을 건졌습니다.

이 난국에서 유비는 제갈량의 지략으로 위기 상황을 간신히 극복할 수 있었지만, 하마터면 유비의 약한 마음으로 병사와 더불어 백성들까지 모두 목숨을 잃을 뻔하였다는 이야기입니다.

손자병법에 '애민가번야愛民可煩也'라는 말이 있습니다. '백성을 너무 사랑하면 가히 번뇌를 만난다.' 손자는 위급 시 백성을 지나치게 사랑하는 것은 잘못이라며 나무라고 있습니다. 그런 기준으로만 본다면 유비는 잘못된 선택을 하고 있다고 말할 수 있습니다.

그러므로 손자는 우선 위기에 처한 군대는 잘 피난한 뒤 다시 권토중래捲土重來하여 상대 군대를 쳐부수고 백성들을 다시 안전하게 품는 게 오히려 현명하다는 판단입니다.

이와 반대로 모질게 해서 성공한 사례는 없었을까요?
동양 역사상 얼굴이 두꺼워서 성공한 대표적인 사례로는 《초한지》 유방을 첫손가락으로 꼽을 수 있습니다.

자식을 내다 버린 한고조의 생각

유방과 하우영

❖

진시황秦始皇 사후 중국 대륙에서는 항우項羽의 초나라와 유방의 한나라가 중국의 패권을 놓고 각축을 벌였습니다.

사마천의 《사기》나 《초한지》를 읽어보면 기원전 205년경 유방이 항우와 팽성 일대에서 격전을 치르다 대패하여 10만 군대를 모두 잃고 피신하던 중 패현 길에서 아들(훗날 혜제)과 딸(노원)을 만나 이들을 마차에 태우고 도주를 하게 되었습니다.

이때 항우의 군사들이 더욱 맹추격을 해왔지요. 그런데 마차에는 2명의 자녀를 추가로 태웠기 때문에 속도가 매우 느려졌습니다. 이렇듯 상황이 다급해지자 유방은 두 자녀를 마차에서 밀어내 버리고 말았습니다.

그러자 마부 하후영은 수레를 멈추고 아이들을 다시 태워 전속력으로 달렸습니다. 겨우 포위망을 벗어나자 하후영은 유방에게 말합니다. "어떻게 사람이 자기 자식을 밀어내 버릴 수가 있습니까? 한낱 짐승도 제 새끼를 보호하기 위해 목숨을 던집니다, 이건 부모의 도리가 아니지 않습니까?"

그러자 유방이 말했습니다. "어허 이 사람아. 내가 살고 나서 자식이 있는 것이지, 우리가 다 같이 잡혀 죽으면 무슨 소용이 있단 말인가. 내가 이렇게 피신을 한 뒤 훗날 항우를 격파한다면 내가 자식들을 찾아올 수 있을 것이 아닌가."라고 말했습니다.

어찌 보면 유방의 말이 일리가 더 있는 것 같은데요, 또 어찌 보면 너무나 잔인하고 인륜을 벗어난 것 같아서 그 말이 틀린 게 아닌지 정답을 판정하기가 좀 어려운 것 같습니다.

그렇다면 역사적 위인들은 과연 이처럼 위급만 상황에서만 매정했을까요?

역사적 사례를 찾아보니 평시에도 목적을 위해서는 몰인정한 마음을 가진 사람들이 의외로 성공한 사례가 너무나 많습니다.

공신을 제거하는 지도자의 현실

한신과 토사구팽

초楚나라 항우와의 전투에서 유방이 승리할 수 있었던 배경에는 한신의 도움이 컸습니다. 그래서 한漢나라의 고조가 된 유방은 일등공신의 역할을 한 한신을 초왕으로 봉하기도 하였는데요. 하지만 결국 유방은 왕권을 강화하기 위해 은혜를 원수로 갚아 버립니다.

그때 한신은 분개하며 말하지요. "토끼를 사냥하고 나면 사냥개는 삶아 먹히고, 적국을 멸하고 나면 공신조차 버림을 받는다고 하더니, 승리를 위해 분골쇄신한 내가 죽게 되는구나." 즉 한신이 유방에게 항우군을 물리치고 승리를 가져왔더니 나를 팽烹,

삶으려고 한다고 읊조린 토사구팽兎死狗烹이라는 유명한 사자성어입니다.

유방은 목숨이 위태로울 때 자식을 밀쳐내고 "내가 승리하고 자식들을 되찾겠다."라는 말을 했지만, 그뿐만 아니라 승리한 후에도 왕권을 강화하기 위해서 한신이라는 명장을 결국 죽음으로 몰고간 것입니다.

이런 사례는 역사에서 참 많이 만나볼 수 있는데요. 중국 명나라 제1대 황제 주원장朱元璋은 30년 재위 동안 10만 명의 신하를 숙청하였다고 합니다.

한편 우리나라는 어떨까요? 고려 시대 왕건의 아들인 4대 광종이 주변의 신하 수천 명을 죽였다는 기록이 고려사에 기록되어 있습니다. 조선 시대는 어땠을까요? 이성계의 아들 태종 이방원이 공신이었던 그 처남들을 다 죽였고, 자신의 사돈이자 세종의 장인인 심온이라는 영의정도 숙청하고 말았습니다. 즉 딱히 자신이 어려울 때만이 아니라 승리한 후에도 다음 목적 달성을 위해서라면 언제든지 상대를 가차 없이 제거해야만 한다는 역사적 교훈들입니다.

동양 후흑학과 서양의 군주론

이종오와 마키아벨리

✦

중국 격언에 면후심흑面厚心黑이라는 말이 있는데요. 중국 청나라 개혁가 이종오李宗吾가 만든 《후흑학厚黑學》이라는 책에서 나온 사자성어입니다. 사람은 모름지기 얼굴이 두껍고 마음이 검어야 한다는 뜻입니다. 이종오는 "면후심흑한 자가 역사의 승리자가 되었고, 큰 지도자로 숭배받는다."라는 유명한 말을 남겼습니다.

과연 그럴까요? 얼굴이 두껍고 마음이 검어야지 위대한 지도자가 되는 걸까요?

서양 제왕학의 대가 마키아벨리는 그의 저서 《군주론》에서 "할 수 있다면 착해져라. 그러나 필요할 때는 조금도 주저 없이 사악해져야 한다."라고 말했습니다. 즉 지도자는 착하면 좋지만 사악해져도 충분히 양해를 얻을 수가 있다는 거죠.

결국 동양에서도 서양에서도 지도자는 한없이 착해서는 안 되며, 얼굴이 두껍고 마음이 검어야 더 큰 지도자가 된다는 일맥상통하는 부분이 있습니다.

역사와 명고전에서 면후심흑으로 성공한 대표적인 사례를 찾아보기로 하겠습니다.

먼저 《삼국지》 조조의 사례입니다.

작은 희생과 큰 결실, 《삼십육계》 이대도강

조조와 왕후

❖

조조는 하북을 통일하기 위해서 원술의 군대와 전투를 하고 있었습니다. 수춘이라는 곳에서 그들이 함께 대치하고 있었는데 싸워야 할 원술이 성 밖으로 나올 생각을 하지 않습니다. 조조는 점점 초조해졌습니다. 왜냐하면 군량미가 이제 바닥을 드러내고 있었던 겁니다. 이대로 며칠만 버티면 원술이 항복할 것도 같은데 군량미가 없으면 조조의 군사들 역시 버틸 수가 없으니 계속 머리를 굴립니다.

조조는 배급관 왕후를 불러서 "식량이 얼마나 남았느냐?" 하고 묻습니다. 왕후는 얼마 남지 않은 식량을 조조에게 보여주지요. "그렇다면 오늘부터 내 명령대로 해라. 되박을 지금보다 작은 것을 사용해서 식량을 배급하도록 해라." 왕후는 조조가 지시한 대로 식량 배급을 줄였습니다. 그런데 며칠 후 이 식량 배급이 줄어든 것을 눈치챈 병사들이 조조에게 항의했습니다. "아니, 그렇지 않아도 평소에 배가 고픈데 이렇게 식량을 적게 주면 허기져서 어떻게 전투에서 승리하란 말입니까?" 그러자 조조가 "오, 그래? 내가 자초지종을 한번 알아보마."

얼마 후 조조가 병사들에게 말했습니다. "배급관 왕후가 식량을 착복한 것이다. 되박을 너희들에게 속이게 된 것 같다." 조조는 모든 원인을 왕후에게 뒤집어씌우고 그의 목을 베어 병사들의 항의를 달랬던 겁니다. 그랬더니 불만이 많았던 병사들이 "아, 왕후가 나쁜 짓을 했구나. 모든 게 그의 속임수 탓이었어." 하고는 불만이 사라졌지요. 그러던 차에 조조가 예상했던 것처럼 원술이 먼저 퇴각했고 조조는 승리하여 그 땅을 차지하게 되었습니다.

결국 조조는 한 사람을 희생 삼아 힘든 시기를 잘 버텼고, 전쟁에서 승리하게 된 것입니다.

병법 《삼십육계》에 11계로 '이대도강李代桃僵'이란 말이 있습니다. '복숭아나무를 대신해서 자두나무가 쓰러진다.'라는 의미로 작은 희생을 디딤돌 삼아 승리를 거두는 전술을 두고 하는 말이지요.

때로는 지도자, 군주는 거짓말도 하고 이렇게 대를 위해 소를 희생하여 성과를 거두어야 하는 일이 역사 속에서는 비일비재하다는 것을 보여줍니다.

한편 고전이나 고대사에서뿐만 아니라 근현대사에서도 면후심흑의 성공 사례는 얼마든지 찾아볼 수 있는데요. 대표적 인물이 바로 중화인민공화국의 마오쩌둥毛澤東입니다.

얼굴 두꺼운 인물의 성공

대장정의 마오쩌둥

✤

중국 근대사의 국민당 지도자였던 장제스蔣介石이라는 인물이 있습니다. 그는 일본 육군사관학교를 졸업하고 귀국 후 쑨원孫文이 죽자 1925년 남경에서 중화민국의 국가원수인 총통으로 취임하였습니다.

그런데 그 몇 년 전인 1921년 상해에서는 마오쩌둥을 포함한 사회주의자 12명이 중국공산당을 만들었는데요, 1934년 장제스는 마오쩌둥 일당을 완전히 섬멸하고자 추격전을 펼쳤습니다. 마오쩌둥은 1년간 도망다니다 1935년 최종 황토고원에 안착했습니다. 대장정이라 불리는 무려 15,000km 거리였습니다. 장제스는 비행기로 마오쩌둥 일당에게 맹폭격했고, 그들은 매일 잠도 제대로 자지 못하고 식사도 거른 채 도주해야 했습니다. 8만 명의 군사로 출발한 결과 저 황토고원에 도착하였을 때는 겨우 10%인 8천 명 정도밖에 살아남지 못했습니다.

장제스 군대에 쫓길 때 당시 마오쩌둥 일행은 매사에 함께 행동했습니다. 급하면 소변을 보는 것도 함께 일렬로 서서 일을 치렀고요, 대변도 모두가 함께 숨어서 보고, 단체 행동으로 다 같이 출발을 하니 편하게 용변을 볼 수가 없었겠지요. 그래서 알려진 것처럼 마오쩌둥은 굉장히 심각한 변비가 있었습니다. 어느 날 다른 사람들은 다 볼일을 마치고 빨리 출발하자고 하는데 마오쩌둥이 아직 일大便을 치르지 못했다고 합니다. 마오쩌둥이 이때 어떻게 했을까요? 그가 훗날 자서전에서 말했습니다. "나는 내 호위병을 불러서 급히 손가락으로 내 항문을 후벼 파게 했다." 그의 고백을 읽는 저는 인상을 찌푸리지 않을 수 없었습니다.

그런데 한편으로는 이런 생각이 듭니다. '정말 얼굴이 대단히 두꺼운 사람이구나. 아무리 그래도 그렇지, 남의 손가락으로 그렇게?' 이다지도 얼굴이 두꺼웠던 마오쩌둥은 250만 장제스 군대를 결국 물리치고, 1949년에 오늘날의 중국인 중화인민공화국을 건립하였습니다.

이렇게 후안무치厚顔無恥, 면후심흑한 마오쩌둥은 최후 승리자가 되었고, 그 결과 오늘날 중국 국민에게 건국의 아버지로 존경받는 위대한 인물이 되었던 것입니다.

인간의 이익 추구 본능 '호리지성'
한비자의 아내 소원

❖

《한비자》의 〈내저설〉에 이런 이야기가 있습니다.

어느 관료가 퇴근해서 집으로 돌아오고 있었는데, 집 앞 성황당 나무 앞에서 자기 아내가 열심히 기도를 하고 있었습니다. 무슨 기도를 하고 있나 궁금하여 가만히 들어봤더니 "우리 집에 백

필의 비단이 생기길 원합니다. 산신이시여, 우리에게 백 필의 비단이 생기게 축복해 주소서使我無故 得百束布, 사아무고 득백속포." 이렇게 말하는 겁니다.

관료가 이를 듣고 아내에게 말했습니다. "아니 당신은 어떻게 백 필만 얻기를 기도해? 만 필 정도 생기면 훨씬 더 좋을 텐데." 하고 그 이유를 물었습니다. 여러분 생각은 어떻습니까? 과연 아내가 욕심이 없었을까요?

아내가 남편에게 대답했습니다. "그야 많을수록 좋겠지만, 너무 많아진다면 당신이 장차 첩을 살까 걱정되기 때문입니다益是 子將以買妾, 익시 자장이매첩." 아내로서는 비단이 많이 생기면 좋겠지만 너무 많은 게 좋은 것만은 아니라는 거죠.

한비자가 말하고 싶었던 것은 사람들은 저마다 다 셈법이 다르다는 겁니다. 인간은 자기 이익을 먼저 생각한다는 가르침이 되겠습니다.

우리 인간의 본성을 잘 통찰한 한비자는 다음과 같이 말합니다. 인간은 '호리지성好利之性'을 갖고 태어났으므로 누구나 본능적으로 이익을 좋아하는 성품을 가지고 있다는 거죠. 그러므로 "인간관계는 이익 관계가 먼저다. 부자 관계도 병든 아버지께서 빨리 돌아가시면, 상속으로 유산이 생길까 관심 두는 게 인간이다." 이렇게 참 매정하게 표현하고 있습니다.

그뿐만 아니라 인간관계는 불신不信이 필요하다고 합니다. 왜냐면 인간이 실패하는 이유 중의 대부분은 '인간에 대한 믿음'에서 생긴다는 거죠. 그러므로 한비자는 제자백가 사상 중에서 조직과 사회에 필요한 많은 이야기를 쏟아놓았습니다. "인간은 근본적으로 이익을 추구하는 동물로 보아야 한다."라는 생각입니다.

　한비자 철학의 핵심은 '사람들이 면후심흑도 좋지만 얼굴이 두껍기가 결국은 성장城牆, 즉 성벽의 두께만큼 담장처럼 두꺼워져야 한다. 사람의 마음이 심흑, 검어야 하지만 이 검기가 흑여매탄黑如煤炭, 흑심이 석탄처럼 굉장히 시커메져야지 크게 성공할 수 있다'고 말합니다. 이것이 '리더의 지존'이라고 말합니다. 그리고 후이무형厚而無形, 이 담장 두께처럼 두꺼워진 얼굴이 훗날 이 두께가 어느 정도인지 알 수 없을 정도가 되면 바로 모택동처럼 성공한다는 거죠. 마음의 검기가 너무 검어지면 이 색이 무슨 색인지 알 수 없을 정도로 흑이 무색이 된다는 겁니다. 이 말을 통해서 한비자가 하고 싶었던 얘기는 남들에게 탄로 날 정도로 얼굴이 두껍거나, 혹은 어설프게 검은 마음을 가진 것으로는 성공하기가 힘들다는 이야기입니다.

　우리가 일상을 살면서 흑여매탄의 경지까지는 아니지만 마냥 마음이 희고 얼굴이 두껍지 않은 게 능사는 아니겠구나, 필요에 따라서는 얼굴이 어느 정도 두꺼워야 하고 때론 검은 마음도 필요하다는 것을 한비자의 철학에서 배우게 됩니다.

인의와 후흑의 성패 4유형 분류표

역사 인물 8인의 사례

❈

역사적으로 성공하거나 실패한 인물들을 '외적인 얼굴과 내적인 마음'을 주제로 4유형으로 구분하여 고찰해 보겠습니다.

편의상 외적으로 얼굴이 두꺼운 사람을 면후面厚라 한다면, 얼굴이 얇은 사람은 '얇을 박'을 써서 면박面薄이라 표현할 수 있으며, 또 마음이 검은 사람을 심흑心黑이라 말한다면, 마음이 흰 사람은 심백心白이라고 표현할 수 있겠습니다.

이러한 분류에 따라 네 가지 유형 즉 면박심백面薄心白형, 면후심백面厚心白형, 면박심흑面薄心黑형, 면후심흑面厚心黑형 순으로 역사적 인물들의 성패成敗를 차례대로 살펴보겠습니다.

◆ **얼굴과 마음 4유형 분류표** 고대와 근현대 대표 인물 사례

마음＼얼굴	면박面薄	면후面厚
심백心白	오나라 오자서伍子胥 국민당 장제스蔣介石	월나라 범려范蠡 공산당 펑더화이彭德懷
심흑心黑	초나라 항우項羽 공산당 린뱌오林彪	위나라 조조曹操 공산당 마오쩌둥毛澤東

첫 번째로 얼굴이 얇고 마음이 흰 사람, 즉 면박심백面薄心白형 인물을 역사에서 찾아본다면, 그 대표적인 인물이 중국 춘추시대 오나라 명재상 오자서伍子胥입니다.

《오월춘추》의 〈합려내전闔閭內傳〉을 읽어보면 초나라에서 망명한 오자서는 백비伯嚭가 자신과 같이 실향민 처지에 있었기에 돕고 싶어 합니다. 그래서 사람들은 백비가 물욕이 심하고 강직하지 못하다고 평했으나, 그는 동병상련을 주장하며 백비를 왕에게 천거하여 중용되도록 앞장섭니다. 훗날 백비는 은혜를 잊고 오자서와 대립하고 그를 모함해 죽음으로 몰아넣었습니다. 평소에도 오자서는 매사에 남들에게 베풀 줄 아는 선한 인물이었습니다. 다른 한편으론 얼굴이 얇아 자신의 속마음을 숨길 줄 모르며 강직해서 자기 할 말을 다 하는 인물이었습니다. 마침내 그는 왕에게 버림받아 기원전 484년에 자결하고 말았습니다.

앞서 말씀드린 송양공 또한 면박심백형 인물입니다. 그는 이웃 초나라와의 결전을 앞두고 강을 건너는 적의 군대를 기습하는 것은 인仁의 군대가 할 일이 아니라며, 상대 군대가 전열을 갖추기를 기다려주다가 결국 대패하고 양공 자신마저 전사하고 말았지요. 군주의 지위에 있으면서 어설픈 인을 베풀다가 어리석게 모든 것을 잃은 대표적인 지도자입니다.

역사적으로 얼굴이 얇고 마음이 흰 사람이 최후 승리자가 되거나 오랫동안 국가를 유지하는 경우는 거의 찾아볼 수가 없습니다.

다만 《초한지》의 책사 장량처럼 유방을 도와 천하통일을 이룬 뒤 은퇴를 선언하고 스스로 물러난 경우 유방에게 철퇴를 맞은 다른 공신들과 달리 해를 입지 않았던 드문 케이스입니다. 그는 산시성 관중 땅에 들어가 병을 구실로 삼아 은거하며 다시는 세상에 나오지 않으므로 비참한 말로를 피했던 겁니다.

두 번째로 면후심백面厚心白 형의 경우를 보겠습니다.

얼굴이 두껍고 마음이 흰 사람으로는 월나라 범려范蠡를 대표적 인물로 꼽을 수 있습니다. 그는 춘추시대 말기 오나라 부차에게 패배한 월나라 구천을 도와 최후 승리자가 되도록 만든 일등공신이었습니다. 그러나 모든 영광을 뒤로하고 어떤 특혜도 누리지 않은 장량과 같은 심백한 인물입니다.

그런데 그가 남긴 색다른 일화가 있습니다.

기원전 496년 오나라와의 전투에서 먼저 사형수들로 이루어진 특공대를 조직해서 그들에게 적의 진지 앞에서 자결하면 그들을 전사자로 처리해 주겠다고 제안합니다. 자신들은 어차피 죽은 목숨이지만 자결한다면 가족들에게는 전사자의 가족이라는 대우가 돌아간다는 이야기에 사형수들은 자발적으로 특공대로 가겠다고 했고, 범려는 이러한 특공대를 여러 분대로 만들어서 오나라 진지로 출동시켰습니다.

오나라 진지에서는 적들이 나타나자 경계를 했지만 갑자기 적군이 자신들의 눈앞에서 자결하자 당황했고, 이러한 상황이 수회 반복되자 아예 정신줄을 놓고 겁먹은 채 쳐다만 보고 있었습니다. 오나라 군사가 완전히 무방비 상태에 놓이게 되자 이 기회를 틈타 오나라 병사들에게 달려들었고 쉽게 대승을 거두었습니다. 이처럼 범려는 보통 사람이 기획할 수 없는 계책을 눈도 깜짝하지 않고 수없이 펼쳤습니다. 언젠가 범려는 월왕 구천에게 오왕 부차의 대변을 먹게 했고 심지어 자신의 애인으로 알려진 서시를 헌상하는 등 후안무치할 정도로 참 얼굴이 두꺼운 사람이었습니다.

또 얼굴이 두껍고 마음이 흰 사람으로는 바로 한나라 유방의 신하 한신을 꼽을 수 있습니다. 한신이 젊은 시절 칼을 차고 고향 회음현의 시장을 걷다가 건달들을 만나게 됩니다. 그 건달들이 "이봐, 네가 그 칼로 나를 찌를 수 있다면 어디 한번 용감하게 찔러 보아라. 만약 그렇지 못하겠으면 내 가랑이 밑으로 기어 지나가라."고 이야기를 하죠. 한신은 그 순간을 꾹 참고 그 건달의 가랑이 밑으로 기어서 지나갑니다. 그래서 나온 고사성어가 '과하지욕袴下之辱'입니다. 그는 두꺼운 얼굴로 남들 앞에서 창피한 것을 무릅쓰고 가랑이 사이로 기어들어 갔으나 훗날 20대 나이로 대장군이 되어 유방과 함께 천하를 제패하게 되지요.

하지만 승리한 후 마음이 너무 순진한 사람이어서 유방 앞에서 본인의 능력을 다 드러냄으로써 결국 유방과 그의 아내 여후에 의해서 비명횡사非命橫死하고 말았습니다.

현대사 인물로는 중국공산당의 펑더화이, 우리가 팽덕회彭德懷라고 부르는 사람이 있습니다. 펑더화이는 중국의 군부 인사로 국방부 장관 자리까지 올랐고 6.25 전쟁 때 30만 중공군의 사령관으로 한반도 전쟁에 뛰어든 인물이지요. 그렇게 승승장구하던 그가 한순간에 무너집니다.

1959년 루산 회의에서 마오쩌둥毛澤東이 "내가 잘못한 게 있으면 비판을 해달라. 내가 그것을 기꺼이 받아들이겠다."라고 이야기했는데 이를 듣고 마오쩌둥이 추진하던 대약진운동의 문제점을 비판하는 편지를 전달했다가 결국 그는 몰락의 길을 걷게 됩니다. 그는 중국의 명장으로서 이름을 크게 떨쳤으나 결국 갖은 수모를 당하고 심문과 구타를 당하다가 그 후유증으로 감방에서 비참한 인생을 마감하였습니다.

얼굴이 두꺼운 사람들은 시간이 흘러 성공하는 경우는 많지만 심백한 마음으로는 그 지위를 보존하지 못하고 비참한 최후를 맞이하는 결과를 많은 역사적 인물들에게서 찾아볼 수 있습니다.

세 번째로 얼굴이 얇고 마음이 검은 사람, 면박심흑面薄心黑형입니다. 대표적으로 초나라 항우가 있습니다. 항우는 마음은 검어서 국가를 다스리거나, 전투를 함에는 부족함이 없었지만, 결국 그는 유방에게 패하고 쫓기다가 고향이 가까워진 오강烏江 어귀에서 '내가 이 모든 것을 받아들이겠다.'고 하며 자결하고 말았습니다.

이 황망한 죽음을 두고 당나라 시인 두목杜牧이 그가 죽은 오강을 찾아가 "권토중래捲土重來, 일시 피했다가 힘을 길러 다시 돌아오면 될 것을 왜 여기서 목숨을 끊었는가? 한번 패배한 장수도 훗날 다시 재기할 수 있을 텐데…." 하며 영웅을 기리는 심경의 답답함을 노래하였다 합니다.

《초한지》나 사마천의 《사기》를 읽어보면 항우가 얼굴이 얇다는 것을 쉽게 발견할 수 있습니다. 이런 유형은 마음이 검어서 성공은 했지만 얼굴이 얇아서 머지않아 실패로 직결되는 것을 우리가 알 수 있습니다.

얼굴이 얇고 마음이 검은 중국 현대사 인물로는 린뱌오林彪, 임표를 찾을 수 있습니다. 그는 인민 해방군 10대 원수에 오르며 국방 장관 지위까지 역임했으나, 검은 마음으로 마오쩌둥의 후계자로 자리매김하려 얼굴이 얇아 속마음이 탄로가 났습니다.

1971년 쿠데타를 시도하려다 실패하고 결국 소련으로 망명하던 중 몽골 상공에서 비행기가 추락하여 가족 모두 폭살되고 말았습니다. 그는 마오쩌둥의 비위를 맞추려 악행을 많이 저질렀으나 얼굴이 얇은 사람이라 번번이 마오쩌둥에게 속마음이 읽히고 있었습니다.

마지막으로 네 번째, 면후심흑面厚心黑형 인물입니다. 《삼국지》 위나라의 조조가 대표적인데요. 그는 앞서 살펴보았듯이 때때로 부하들을 희생양으로 삼았지만 번번이 국가의 승리를 쟁취했던 인물입니다. 그래서 오늘날 현대인의 시각에서는 조조가 《삼국지》에서 가장 능력 있는 인물로 재조명 받고 있지요. 아울러 조조는 백성들을 괴롭힌, 결코 악한 지도자는 아니었다는 것을 우리는 상기할 필요가 있습니다.

한편 근현대사에서 마오쩌둥은 앞서 보셨던 것처럼 참 마음도 검고 얼굴이 두꺼운 인물이었는데요. 그는 결국 중국 근대사에 첫 번째 중화인민공화국의 지도자가 되었습니다. 오늘날에도 중국 천안문 광장의 초상화뿐만 아니라 중국 화폐를 모두 장식한 인물로 중국인들에게서 가장 추앙받는 지도자가 되었던 겁니다.

이렇듯 4가지 유형의 인물 역사를 살펴보면, 아이러니하게도 송양공 경우처럼 착한 마음으로 인해 나라가 망하고 백성을 도탄에 빠트린 지도자가 있는가 하면, 한 유방이나 당 태종처럼 나쁜 마음을 갖고 얼굴 두꺼운 사람들이 백성에게는 필요한 지도자가 된 사례 또한 많이 찾아볼 수 있습니다.

국가적 영웅이나 백성들의 삶의 기준에서 '면후심흑을 우리가 무조건 나쁘다고만 단언할 수 있을 것인가?' 다시 한번 생각해 보게 됩니다.

일상생활 속 '면후심흑'의 사례담

기업 경영 체험

✦

다시 저의 경험담인 외식 사업 경영 이야기입니다.

결국 저는 회사가 어려울 당시 지금 착한 마음으로 다 같이 죽기보다는 급한 불부터 끄는 것이 먼저라고 판단하였지요. '그래, 필요할 때는 어쩔 수 없이 면후심흑 해야겠구나.'라고 생각하였습니다. 그래서 마음을 굳게 먹고 직원들을 구조조정하였습니다. 그리고 얼마 후 식당은 흑자로 돌아서게 되었는데요.

목숨이 위태로울 때 유방이 자식을 밀쳐냈다가 승리하고 자식들을 되찾겠다고 하였듯이 저도 그러한 마음이었습니다. 결단을 내릴 때는 얼굴은 두껍고 마음은 검게 하여 과감하게 결단을 내려야 하는 것 같습니다.

성공한 사람들이 대부분 면후심흑이라고 해서 우리가 모두 인생을 그렇게 살아야 한다는 뜻은 물론 아닙니다.

그런데 우리 모두 모진 마음과 두꺼운 얼굴이 있어야 하는 시대를 살아가고 있습니다. 무한 경쟁의 오늘을 살아가면서 상황에 따라 때로는 그러한 마음도 필요하다는 것을 이야기하고 싶습니다.

어쩌면 내가 어느 자리, 어느 위치에 있느냐에 따라서 얼굴의 두께와 마음의 색깔도 상황에 따라 그 비율이 조금씩은 달라져야 할 것 같습니다.

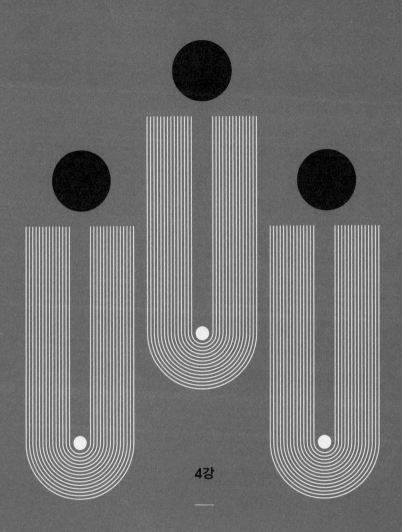

4강

———

관용이 필요한 때는
언제일까요?
• 용서의 지혜 •

"애정이나 은혜로써 면죄해 주지 마라.
상대방이 잘못이 있을 때는
반드시 엄한 형벌로써 다스리지,
'마음 좋게 봐주는 것'
이것은 결코 조직의 리더가
할 일이 아니다 嚴刑重罰以禁之. 엄형중벌이금지."
_《한비자》

　살아가다 보면 가정이나 직장에서 자녀, 부하직원 또는 친구의 크고 작은 실수나 잘못으로 인해 곤혹스러울 때가 있습니다. 이럴 때 내가 관용을 베풀어야 할지, 아니면 잘못을 따져 혼내줘야 할지 판단이 잘 서지 않아 고민해 본 적이 있지 않으십니까?

　강의를 하는 저는 주변 지인들로부터 종종 상담 요청을 받습니다.

　주말부부인 후배는 남편이 주말에 운동이나 동네 산책을 하기로 약속하고는 번번이 피곤하다는 핑계로 약속을 어긴다고 합니다. 이럴 때 남편의 피곤함을 아는 자신이 짜증을 내야 할지 말아야 할지 판단이 잘 서지 않는다고 합니다.

　어떤 선배는 아이가 공부를 하지 않아서 고민입니다. 그래서 성적표를 받아보고는 부모로서 어떤 훈육을 해야 할지 고민이라고 합니다. 여러분은 이럴 때의 현명한 대처 방법을 알고 계십니까?

저 역시도 삶 속에서 선뜻 판단이 서지 않아 고민하는 경우가
왕왕 있습니다.

벤처 회사를 운영하던 시절, 중국 시장 개척을 위해 설립한 베이
징 지사에 출장을 가 있는 제게 서울에서 긴급 전화가 왔습니다.

마케팅을 담당하는 프로그램 직원이 실수를 저질러서 회사가
큰 손실을 보게 되었다는 겁니다. 담당 임원이 상황을 수습하고
는 제게 물었습니다. "작은 실수였지만 회사 손실이 너무 큽니다.
직원을 어떻게 처벌할까요?"

제가 보기에 직원이 고의로 그런 것도 아니고 작은 실수가 빚
어낸 사고가 비록 손실이 크다고 하지만, 과연 직원을 처벌해야
할지 말지 고민이 되었습니다. 제가 입국할 때까지 기다리도록
답하고 잠시 생각에 빠졌습니다.

이런 애매한 상황을 인생 선배들은 어떻게 해결했는지, 역사서
나 고전에서 읽은 내 머릿속의 유가儒家, 병가兵家, 법가法家 사상의
사례들을 뒤져보았습니다.

노나라 화재와 애공의 고민
유가 공자의 묘책

❈

먼저 유가 사상의 재밌는 사례입니다.

기원전 510년경 산둥성 노나라에 불이 나 도성이 불길에 휩싸일 위기에 처했습니다. 그런데 백성들은 불길을 잡는 데는 관심이 없고 불 속에서 튀어나온 짐승을 뒤쫓느라 분주합니다.

군주 애공哀公이 공자를 불러 자문했습니다. 공자가 말합니다. "무릇 짐승을 쫓는 건 즐거운 일이면서 그렇다고 처벌을 받는 것도 아니요, 불을 끄는 일은 괴롭기만 할 뿐 그렇다고 상을 받는 것도 아닙니다. 이것이 불을 끄는 사람이 없는 이유입니다."

군주가 대책을 물었습니다. "그렇다면 저는 어떻게 해야 합니까?" 공자가 답하길 "불을 끄는 자 모두에게 상을 내리려면 나라 재정이 모자라니 청컨대 처벌만 내리십시오."

이에 군주가 명령을 내렸습니다. "불을 끄지 않는 자는 전쟁에서 항복한 자와 같은 죄로 다스릴 것이요, 짐승을 쫓는 자는 금지구역을 출입한 죄와 같이 처벌할 것이다不救火者 比降背之罪 逐獸者自 比入禁之罪. 불구화자 비항배지죄 축수자자 비입금지죄." 명령이 떨어지자 너 나 할 것 없이 진화에 앞장서 금세 불길이 잡혔다고 합니다.

공자는 국가 위기 상황에서 백성에게 엄한 처벌 행위를 제시하여 성과를 거두었습니다.

이번에는 전혀 반대의 경우를 살펴보겠습니다.

전국시대 위나라의 혜왕惠王, BC 369-319이 신하 복피卜皮에게 물었습니다. "그대가 들은 나의 평판은 어떠한가?" "제가 듣기로 왕께서 지극히 인자하고 은혜롭다고 칭송합니다." "그렇다면 장차 그 성과가 어디에 이르겠는가?"

이에 복피가 놀랄만한 대답을 합니다. "왕의 인애 성과는 앞으로 나라가 망하는 데 이를 것입니다王之公至於亡, 왕지공지어망."

신하 복피는 백성이 잘못해도 처벌하기보다 용서해 주고, 훈공이 없는데도 상을 준다면 나라가 망한다 해도 이상할 바가 없다고 왕을 질타했습니다.

오왕과 손무의 '삼령오신' 교훈
병가 손자의 궁녀 시법

이번에는 병가 사상의 실제적인 기록을 한번 보겠습니다.

중국 춘추전국 시대에 《손자병법》으로 유명한 손무孫武라는 전략가가 있었습니다. 그는 오자서의 추천으로 중국 오나라 합려왕의 신하가 되었습니다. 그런데 합려가 손무를 불러 이야기합니다.

"내가 당신의 능력을 검증하고 그에 맞는 직위를 주고 싶은데 이 180명의 궁녀를 통해서 내게 실력을 보여줄 수 있겠소?" "네,

물론입니다." 자신 있게 대답한 손무는 180명의 궁녀를 90명씩 절반으로 나누고 각각을 책임질 두 분대장을 뽑아 그들을 통해 훈련을 시켰습니다. 줄을 맞춰 세운 후 '앞으로 가, 뒤로 돌아가'를 시키는데 궁녀들은 시키는 대로 움직이지는 않고 깔깔깔 웃기만 합니다. "아니, 이건 남자 장정들이 하는 거지, 우리가 이 명령에 따라야 합니까?" 궁녀들은 호응하지 않았지요.

이때 손무가 말합니다. "삼령오신三令五申이다, 분대장이 3번 정확하게 명령하고 5번 설명해서 알아듣게 하라." 그런데 분대장이 호령해도 그 궁녀들은 여전히 웃기만 할 뿐입니다. 손무는 두 분대장을 끌고 와 목을 베었습니다. 그리고 새로운 분대장을 뽑아서 같은 명령을 내리게 하였습니다. 결과가 어땠을까요? 궁녀 180명은 오늘날 신병훈련소에서 보는 것처럼 착착 명령에 호응하고 그 어떤 동작도 최선을 다해 훈련하며 더는 웃으며 장난을 치지도 않았습니다.

훗날 손무는 그의 저서 《손자병법》에서 리더의 5대 요건을 말했습니다. '지智, 신信, 인仁, 용勇, 엄嚴', 장수는 지혜와 믿음과 어짊과 용맹함과 엄격함을 갖추어야 한다. 이 5대 조건 중에서 마지막 조건이 엄격함입니다.

혹시 여러분들이 어떤 조직의 리더나 집안의 가장이라면 어느 정도의 엄격함을 갖추고 있는지 꼭 한번 생각해 볼 일입니다.

한비자의 '인의폐해'와 정자산의 견해

법가 한비자의 원칙

❖

세 번째로 법가 사상의 대표자 한비자의 교훈입니다.

그는 저서에서 '인의폐해仁義弊害'라는 말을 사용하고 있는데요. "사람이 어질거나 너무 정의로울 때는 이것이 곧 폐해를 낳게 된다."라고 하면서 그는 "조직을 이끌어가는 것은 인仁이 아니다. 엄히 형벌로써 다스려야 하고 일반적인 내용을 금지하는 것이 마땅하다嚴刑重罰以禁止, 엄형중벌이금지."라고 말합니다. 그러면서 결코 애정이나 은혜로써 면죄해 주지 마라. 상대방이 잘못이 있을 때는 반드시 엄한 형벌로써 다스리지, '마음씨 좋게 봐주는 것' 이것은 결코 조직의 리더가 할 일이 아니라고 말합니다.

춘추시대 정나라의 자산子産은 명재상으로 주변국에 이름을 떨쳤습니다. 그는 병으로 임종이 가까워지자 후임 재상에게 당부의 말을 남겼습니다. "반드시 백성을 엄하게 대하시오, 무릇 불의 형체가 엄하게 보이므로 타 죽는 사람이 적으나 물의 형체는 나약하게 보이기에 사람들이 많이 빠져 죽는 것이라오火形嚴 故人鮮灼 水形懦 故人多溺, 화형엄 고인선작 수형나 고인다익."

위에서 살펴본 것처럼 공자의 유가, 손무의 병가, 한비자의 법가는 공통으로 이야기합니다. 죄를 물을 때에는 인仁으로 인하여 마음이 약해지면 안 되고 그 죄에 합당한 죗값을 반드시 물어 엄벌해야 한다고 주장하고 있습니다.

서양은 어떨까요? 《군주론》을 쓴 마키아벨리라는 서양 제왕학의 대가大家가 있습니다.

그는 저서에서 "배신은 존경에서 더 쉽게 생겨난다. 그러므로 리더는 존경받을 생각을 하지 말고 무섭게 여겨지도록 하라."라고 이야기하고 있습니다. 즉 다시 말하면 조직원들에게 '리더가 무서워서 명령하는 것이 잘 지켜지도록 하라.'라고 했습니다.

동양 제자백가 사상과 마키아벨리 철학은 별반 다르지 않다는 것을 우리가 쉽게 알 수 있습니다.

한국 프로 스포츠 명장들의 주장
신치용 감독과 유재학 감독

이번에는 현대 스포츠의 사례를 살펴보겠습니다.

우리나라 프로 스포츠 사상 최다 연속 우승을 차지한 팀은 삼성 배구단입니다. 7년 연속 우승의 금자탑을 쌓은 신치용 감독은 인터뷰에서 7연패의 이유로 엄격한 선수 관리를 설명했습니다. 그는 선수들이 야간에는 절대 핸드폰을 사용하지 못하도록 규칙을 정하고 철저히 실행했다고 합니다. 그 핸드폰 사용이 별거냐고 생각할 수 있지만, 비록 핸드폰 단속이 작은 일일지라도 반드시 지키고 엄벌하는 원칙이 팀의 우승 견인차 구실을 했다고 감독은 말합니다.

이번에는 KBL 최초로 600승 감독이란 타이틀을 얻는 데 성공한 현대모비스 농구단의 유재학 감독 사례입니다. 현대모비스가 우승할 당시 팀의 최고 수훈 선수는 귀화 외국인 문태종 선수입니다. 그는 우승 MVP를 차지한 그야말로 팀의 보배입니다. 그런데 선수단의 버스 이동 시간에 문태종 선수가 조금 지각하는 일이 발생했습니다. 유재학 감독은 주저 없이 버스를 정시에 출발시켰으며 문태종 선수는 자비로 다른 차를 타고 겨우 지정 장소에 합류했다고 합니다.

이처럼 명장들은 하나같이 엄격한 선수 관리로 악명이 높을 정도입니다.

성공한 사령탑의 엄격함을 우리도 눈여겨보고 반드시 실천해야 할 대목입니다.

그런데 이렇게 엄격하기만 하면 항상 조직이 잘 이끌어지고 성공을 했을까요? 반대 사례는 없을까 궁금했습니다.

법치의 성공과 실패 원인

진제국의 시황제

❖

중국을 최초로 통일한 진시황秦始皇은 중국 시안을 수도로 삼고 북쪽에 만리장성을 쌓았습니다. 그는 변방 만리장성을 지키기 위해서 백성들에게 순번대로 지정한 날에 와서 보초를 서게 했습니다. 그런데 사마천의 《사기》를 읽어보면 진승陳勝이 만리장성에 교대병으로 올라갈 때는 장마철이었는데요. 그래서 그런지 큰비를 만나 도로가 막혀서 정해진 기한 내로 갈 수가 없게 되었습니다 會天大雨 道不通 度已失期, 회천대우 도불통 탁이실기.

그래서 법에 따라 그는 마땅히 참수형으로 목이 잘릴 운명에 놓였다는 겁니다法皆斬, 법개참. 진승은 동료 오광吳廣과 함께 생각해 봤습니다. "우리가 기한 내에 갈 수 없는데 도착한들 무슨 소용이 있겠는가. 그래, 이참에 우리가 봉기 한번 해보자. 왕후장상王侯將相의 씨가 따로 있느냐."라는 얘기를 주고받고 뜻을 함께해 그들이 국가를 만들겠다고 봉기했던 겁니다.

이후 진승·오광의 난은 진압되고 말았지만 항우와 유방은 남쪽에서 봉기해서 두 사람이 결국 쟁패를 다투었습니다. 결국 항우가 시안에 있었던 진시황제의 손자인 3세 자영子嬰을 결국 처형하여 진나라는 통일 15년 만에 역사 속으로 사라졌습니다.

진시황의 진秦제국은 법치로서 춘추전국시대 혼돈의 550년을 마감하고 통일 제국을 이룩하였으나, 법치 때문에 진승·오광의 난과 항우의 봉기가 발생하여 결국 망하게 되었던 겁니다.

그렇다면 도대체 진시황이 법치를 성공했다가 다시 망했다는 건 도대체 무슨 이유일까요? 우리에게 법치를 하라는 걸까요, 하지 말라는 걸까요? 이런 의문이 다시 생깁니다.

우리는 그 답을 《춘추좌전》이라는 고전에서 만날 수 있습니다. 춘추시대 노나라의 학자였던 좌구명左丘明이 자기 저서에서 정나라, 정자산의 입을 빌려서 다음과 같은 고사성어를 남겼습니다. '관맹상제寬猛相濟, (너그러울 관寬, 사나울 맹猛, 서로 상相, 구제할 제濟) 너그러움과 엄격함이 조화를 이루어야 한다.' 사람이 조직을 이끌어가는 데 너그러움도 필요하고 사나움도 필요하다는 겁니다.

너그러움과 사나움이 함께 필요하다, 말은 좋은데 그럼 언제 너그럽고 언제 사나워야 할까요? 그래서 그 사례들을 다시 찾아보게 됩니다.

관맹상제의 1원칙 '관도대전' 사례

조조와 배신자

❖

관맹상제를 적용하는 첫 번째 원칙입니다.

조조가 위나라를 건국하기 전, 최대의 라이벌이던 원소와 일대 결전을 벌이게 됩니다. 이것이 서기 200년의 관도전투官渡戰鬪인데요. 당시 원소의 군사가 조조의 군사보다 훨씬 많아 조조는 고전을 했습니다.

그러나 천신만고 끝에 조조가 원소를 무찌르고 그의 막사로 들어갔더니 먼저 온 부하 한 명이 편지를 꺼내면서 놀랄만한 얘기를 합니다. "우리 장수 중에서 원소와 내통한 사람이 여러 명 있습니다." 조조가 편지를 받아 확인해 보니 우리 정보를 몰래 빼돌린 걸 발견할 수 있었습니다. "이 사람들을 제가 다 색출해 올까요?" 하고 조조에게 묻습니다. 그러자 조조가 말합니다. "나는 그들이 누군지 알고 싶지 않다." 왜냐하면 조조 자신조차도 패전할 가능성이 큰 상황이라면 목숨을 구걸하고자 승리할 가능성이 높은 원소에게 좀 더 잘 보이고 싶은 마음이 생길 것이라는 게 인지상정人之常情이라는 겁니다.

조조는 결국 그 편지의 주인공을 궁금해하지 않고 곧바로 불태우도록 명령했습니다. 소소한 잘못을 한 사람들은 반드시 처벌하였던 조조지만 오히려 큰 잘못을 한 부하에 대해서는 용서를

했던 겁니다. 큰 실수에는 오히려 관용을 베풀 수 있는 대인배가
되어야 한다는 가르침을 주고 있습니다.

관맹상제의 제1원칙은 '상대가 큰 잘못을 할수록 용서하라.'입
니다.

관맹상제의 2원칙 '가정전투' 사례
공명과 마속

✦

관맹상제를 적용하는 두 번째 원칙입니다.

서기 228년 촉나라의 승상인 제갈량은 유비가 죽은 후에 유선
에게 출사표를 올리고 북쪽에 있던 위나라로 쳐들어갑니다. 공명
은 가장 중요한 방어 요충지였던 가정街亭이라고 하는 곳에 마속
馬謖을 배치하게 됩니다. 그런데 마속이 현장에 가서는 공명의 명
령을 받들지 않고 방어를 잘못해서 결국 가정을 잃게 되었고 그
결과 위나라 군대에 패하여 퇴각하게 되었습니다.

제갈량은 병사들이 보는 앞에서 눈물을 흘리며 가장 아끼던
마속의 목을 베었는데 우리는 이 유명한 얘기를 '읍참마속泣斬馬
謖'이라고 합니다. 제갈량은 마속이 당시 가장 높은 지위의 장수
에 속했기 때문에 용서할 수 없었다고 합니다. 어쩌면 잘못을 저

지른 사람이 마속이 아니라 낮은 계급의 실무자였더라면 처벌하지 않았을지도 모릅니다.

오늘날 우리는 오히려 높은 직급은 죄가 있어도 눈감아 주고 낮은 직급은 본보기로 처벌하는 경우가 많은데요. 읍참마속은 오늘날 우리가 잘못 생각하고 있다는 것을 반추해 주는 좋은 사례입니다.

관맹상제의 제2원칙은 '고위 직급일수록 처벌을 더 강화하라.'입니다

관맹상제의 3원칙 '절영지회' 사례
초장왕과 당교

관맹상제를 적용하는 세 번째 원칙입니다.

춘추시대 초나라 장왕莊王은 전쟁에 나갈 때마다 승리하는 호쾌한 영웅이었습니다.

어느 날 저녁에 연회를 베풀고자 신하와 장수들을 모두 불러 모았습니다. 그리고 그가 가장 사랑하는 궁녀 허희許姬라는 미인을 불러서 마음껏 춤추게 했습니다. 그런데 술을 마시고 취흥이 올랐을 무렵 갑자기 바람이 쌩하고 불어서 촛불이 다 꺼지고 말았습니다. 칠흑 같은 어둠이 내렸는데요. 이때 허희가 "어머나!" 하고 비명을 지르며 장왕에게 달려왔습니다. 조금 전 어두워진

그 틈을 타서 어떤 신하가 자기 몸에 손을 댔다는 겁니다. "제가 다급한 나머지 그 남자의 모자 끈을 이렇게 잡아떼어 왔어요. 불을 켜면 이 모자의 주인을 찾아서 처벌해 주세요."라고 요청했습니다.

초장왕은 어떻게 했을까요? 뜻밖에도 "자, 지금 내 얘기를 들으라. 촛불을 켜기 전에 전부 모자의 끈을 잡아당겨라. 오늘 모자의 끈을 떼지 않은 사람은 나와 함께 크게 흥이 나지 않은 것으로 간주하겠다." 과연 촛불을 켜고 보니 누구나 모자 끈이 떨어져더는 범인을 잡을 수 없게 된 것입니다.

후세 사람들은 이 모임을 '절영지회折纓之會'라고 기억합니다. 모자 끈을 끊는 너그러운 덕으로 상대에게 용서를 베푼다는 뜻입니다.

훗날 전투에서 초장왕이 무척 위태로운 상황에 부닥치게 되었는데요. 당교라는 부하가 목숨을 바쳐서 그를 구해주었습니다. "넌 어찌해서 이렇게 용감하게 목숨을 걸고 나를 구해주느냐."하고 물으니 그가 말합니다. "지난번 연회에서 제가 감히 실수를 했는데 왕께서 저를 살려주셨습니다. 목숨이 붙어있기에 제 나름대로 최선을 다했을 뿐입니다." 초장왕의 이 일화는 관용으로서 큰 성공을 거둔 사례를 우리에게 보여주고 있는데요.

초장왕이 그때 왜 용서했는지는 사마천의 《사기》에서 이유를 발견할 수 있습니다. "초장왕은 무릇 나라를 이끌어가는 큰 지도자는 엄벌할 때와 관용을 베풀 때가 구별되어야 한다. 이번 경우에는 국가에 관한 일이 아니라 내 후궁에 관한 사적인 영역이기 때문에 내가 마땅히 용서해야 한다고 생각한다."

즉 우리가 공과 사를 구별하되 조직 속에 있다면 공적인 일은 용서할 수 없지만 사적인 영역의 일은 큰 아량을 베풀어야 한다는 것을 알려주고 있는 관맹상제의 제3원칙이 되겠습니다.

그렇다면 지금까지 살펴본 관맹상제寬猛相濟의 3원칙을 간단히 정리해 보겠습니다.

◈ 관맹상제의 제1원칙 – '상대가 큰 잘못을 할수록 용서하라'
◈ 관맹상제의 제2원칙 – '높은 직급일수록 처벌을 더 강화하라'
◈ 관맹상제의 제3원칙 – '공과 사를 구별하되 사적인 영역의 잘못은 용서하라'

일상생활 속의 사례담
우리들의 평소 체험

이제 앞에서 언급한 우리 일상생활의 사례를 만나보겠습니다. 만일 평소와 달리 자녀가 낮은 점수의 성적표를 받아 온다면 어떻게 해야 할까요? 자녀를 혼내기보다 오히려 모르는 척하는 게 정답입니다. 자녀는 부모의 엄벌이 실행되지 않는다면 오히려 불안해서 부모님의 눈치 보느라 공부를 더 열심히 한다고 알려져 있습니다. 왜냐면 큰 잘못을 저지른 사람은 당사자 스스로 처벌한다고 합니다.

저는 앞서 이야기했던 회사 직원의 잘못을 관맹상제의 법칙에 따라 쉽게 결론을 내렸습니다.

낮은 직급의 사원이 너무 큰 실수를 하였기 때문에 관맹상제 1원칙과 2원칙을 적용하기로 했습니다. 따라서 하위 직원이 실수로 회사에 큰 손실을 끼쳤지만 흔쾌히 용서하기로 했습니다.

이 사실을 알고 회사 직원이 말했다고 합니다. "실수가 너무 커서 회사에서 퇴직 처리하거나 손해배상을 청구할지도 모른다고 근심했는데, 회사에서 이렇게 관용을 베풀고 용서해 주시니 너무 감사드립니다. 앞으로 회사를 위해서 정말 열심히 일하겠습니다."

그 직원은 약속처럼 그날 이후로 실수는커녕 열정적으로 일하여 회사에 많은 성과를 안겨준 모범적인 직원이 되었습니다.

저는 다시 한번 고전 속 주인공 조조와 제갈량에게 감사한 마음이 들었습니다.

관맹상제寬猛相濟, 너그러움과 엄격함의 조화는 고대국가 통치 방식이지만 현대 우리의 일상생활에 있어서도 적용되는 지혜라는 걸 알게 되었습니다.

관용과 처벌 사이에서 주의할 점

공자의 제자 자고

그런데 한 가지 추가로 소개하고 싶은 사연이 있습니다.

기원전 490년경 공자가 위나라의 재상으로 추대를 받았을 때 함께 간 제자들에게 여러 직분을 나누어 주었습니다. 그중 자고子皐라는 제자에게는 감옥을 담당하는 관리를 맡겼는데요. 어느 날 자고는 흉악한 죄인에게 '월인족刖人足'이라 불리는 발목을 자르는 형을 내렸습니다.

세월이 한참 흐른 뒤 공자와 제자 일행이 위나라 왕의 오해를 받고서 결국 이웃 나라로 피신하는 일이 생겼는데요, 국경 성벽에 다다르자 보초가 너무 많아서 크게 걱정하였습니다. 그런데 성문지기가 앞장서 공자 일행을 안내해 주었기에 무사히 잘 피신을 할 수 있었습니다.

공자는 위험을 무릅쓰고 자신들을 도와준 이유가 궁금해서 헤어지기 전 그 성문지기에게 물었습니다. "아니, 당신이 누구인데 우리를 도와주느냐." 그러자 그 성문지기가 말했습니다. "저를 기억하십니까? 오래전 제가 감옥에 있을 때 제 발뒤꿈치를 자르셨습니다. 내 발을 자르는 것은 저는 당연히 내가 죄를 지었기 때문에 벌을 받아야 한다고 생각했습니다吾斷足也 吾罪當之, 오단족야 오죄당지. 그런데 그때 당시에 명령을 내리시는 자고께서 참으로 안타까워하시면서 슬픈 기색으로 저를 처벌하셨습니다公刑然不悅 形於顏色, 공형연불열 형어안색. 그래서 벌을 받으면서도 저는 그 표정이 기억에 남아서 '참 좋은 분이구나. 내가 언젠가 신세를 갚을 수 있으면 좋겠다.' 했는데 오늘 그날을 맞아서 참 기쁘게 생각합니다."

공자의 제자 자고는 죄수에 대해서는 엄격하게 법을 집행해서 발뒤꿈치를 자르는 형벌을 집행했습니다. 그러나 형벌을 내릴 때조차 따뜻한 마음이 있었고, 그 마음이 법 집행을 받는 사람에게도 전달됐기 때문에 아름다운 사례를 남기게 된 것입니다.

여러분도 자녀나 부하를 벌할 때 화난 얼굴을 하거나 감정에 빠져 실행할 게 아니라 따뜻한 마음가짐으로 온화하게 처리할 수 있기를 바랍니다.

다만 항상 마음의 바탕은 엄격하되, 무늬로 온화함이 수놓아져야 한다는 것을 결코 잊어서는 안 될 것입니다.

5강

—

은근히,
잘난 체하고 싶으세요?
● 행동의 지혜 ●

"사람은 총명함을
마땅히 감출 줄 알아야 하는데,
오히려 드러내서 자신을 자랑하니
이는 총명한 사람이 아니라
어리석은 것이다."

_《채근담》

　여러분은 직장에서 상사나 부하 직원 또는 사회에서 선후배나 친구들에게, 심지어 가정에서 가족에게조차 순간적으로 '이걸 자랑할까 말까?' 고민해 보신 적이 없으십니까?

　요즘 세상을 가히 SNS social networking service 시대라고 합니다. 페이스북이나 인스타그램, 카톡 등에 자신의 일상을 공유하며 살고 있는데요. 그 내용을 들여다보면 대부분 자신의 일상을 자랑하는 데 시간을 소비하고 있습니다.

　어떤 사람은 '이 집 커피가 너무 맛있어.'라고 하면서 속셈은 커피 옆에 어제 구입 한 명품 핸드백을 은근히 노출하고, 또 어떤 사람은 '오늘 너무 더워 수영장에 왔어.'라고 사진을 올리지만 사실 그는 더위를 핑계로 자신의 초콜릿 복근을 자연스럽게 자랑하고 싶어 합니다. 바야흐로 21세기는 잘난 체마저도 모두가 경쟁하는 시대로 접어든 세태世態입니다.

몇 해 전 채용 포털 잡코리아와 알바몬이 성인남녀 1,258명을 대상으로 각각 조사한 설문 조사가 있었습니다. '모임에서 가장 만나고 싶지 않은 사람은?', '평소 여러분은 어떤 사람을 가장 피하고 싶으신가요?' 응답 결과의 1위는 두 설문 조사 모두 '자기 자랑을 하거나 잘난 척하는 사람(54%)'이 차지했습니다.

인간은 누구나 '나 자신을 잘난 척하고 싶은 본능'과 더불어 '잘난 체하는 타인을 가장 싫어하는 본능'의 양면성이 이율배반적으로 마음속에 공존하고 있습니다.

그런 까닭으로 도대체 인간 군상들은 이러한 모순적 본능에 따른 어떤 성공과 실패 사연이 있었을지 몹시 궁금해졌습니다.

저와 함께 인문 고전과 동서양 역사서 속으로 다양한 인물 여행을 떠나 보실까요?

대인 관계의 지혜 '총명과 호도'
청나라 시인 정판교

중국 청나라의 유명한 시인 정판교鄭板橋에게 어느 날 학인學人

이 찾아와 "선생님, 제게 대인 관계에 있어 평생 가르침이 될 만한 글을 알려주세요." 하고 청합니다. 정판교는 그에게 '聰明難 糊塗難 由聰明轉入 糊塗更難총명난 호도난 유총명전입 호도경난'이라는 문장을 선물로 써주었습니다.

이 한문을 해석하자면 '사람은 총명하기도 어렵고 평범하기도 어렵다. 그런데 총명한 사람이 평범한 것처럼 보이기는 더더욱 어렵다.'라는 의미입니다.

총명聰明이란 말의 원래 의미는, 어떤 사람의 얘길 듣고 남들은 무슨 뜻인지 모르고 있는데 혼자 먼저 웃는 사람, 즉 오늘날 예를 들자면 누군가 개그를 했는데 개그의 참뜻을 알아차리고 제일 먼저 웃음을 터트리는 사람을 일컬어 총聰하다고 합니다.

또 어떤 장면을 보고도 남들은 무슨 뜻인지 모르고 있는 상황에서 혼자 먼저 웃는 사람, 오늘날 예를 들자면 드라마를 보면서 다른 사람은 무슨 장면인지 이해 못 하고 있는 동안 그 뜻을 먼저 알아차리고 슬그머니 미소를 띠는 사람을 명明하다고 합니다. 그러니 정판교는 사람이 평소 남들보다 더 '총명'하기는 절대 쉽지 않다고 말합니다. 현재 중국에서는 '당신은 총명하다'는 말로 '니총밍你聰明'이라 표현하는데, 머리가 명석한 사람을 지칭할 때 흔히 사용합니다.

그럼 뒤에 나오는 호도糊塗는 무슨 뜻일까요. 오늘날에는 흔히 바보나 멍청한 사람이라고 해석합니다. 그러나 원래 한자 뜻을 찾아본다면, 집 실내에 벽지를 바를 때 쓰는 '풀칠할 호糊'와 옛날 집에는 바람을 막으려고 바깥 면에 진흙을 발랐는데 이것이 '진흙 도塗'입니다.

정판교는 사람이 자신의 학식이나 실력을 안팎으로 가리게 해서 평범해 보이는 것도 어렵다고 말합니다糊塗難, 호도난.

총명과 호도에 관해 정판교가 마지막 결론을 내립니다.

'총명한 것과 호도를 비교해 보면, 남들보다 총명해지는 것 이상으로 똑똑한 것을 보여주지 않는 것이 훨씬 더 어려운 경지인 것 같다.'

정판교가 우리에게 전하고 싶은 메시지는 '당신은 더 총명해지려고 노력하기보다는 오히려 자신이 드러나지 않도록 가리는 공부를 하는 게 좋겠다由聰明轉入 糊塗更難, 유총명전입 호도갱난'는 것입니다.

위 일화에서 생겨난 사자성어가 '난득호도難得糊塗'입니다. '평범한 사람처럼 보이기는 어렵다. 즉, 나의 자랑거리를 표출하거나 과시하지 않고 평범한 사람처럼 보이기는 어렵다.'

말하자면 똑똑한 사람이 고수라면 호도는 내공이 강한 '초고수'라고 할 수 있을 것입니다.

여러분은 우리가 너무나 잘 알고 있는 《삼국지》의 일화에서 '총명과 호도'에 관한 주인공으로는 어떤 인물이 먼저 떠오르세요?

중국의 많은 학자가 추천하는 대표적인 인물로 양수楊修, 175~ 219
와 가후賈詡, 147~223의 일화를 소개하겠습니다.

총명과 호도의 대표적 인물
《삼국지》 양수와 가후

❖

《삼국지》 인물을 더 잘 조명하기 위해 고전《세설신어世說新語》
를 읽어보면 위나라 조조에게 어느 날 국경에서 양젖으로 만든
일종의 술이 진상되었습니다.

조조는 한입 먹고 '일합一盒'라는 글자를 써놓고 책상머리에 놓
아두었습니다. 그런데 어느 날 양수가 조조 막사에서 그걸 보더
니 숟가락을 가져와 동료들과 함께 퍼먹었습니다.

얼마 후 조조가 돌아와 양수에게 "왜 먹었느냐?"라고 꾸짖으니
양수는 "'한 사람이 한입씩 먹으라一人一口.'라고 쓰여 있으니 어찌
승상의 뜻을 어길 수 있겠습니까?"라고 말하자 조조는 껄껄 웃
으며 말합니다. "젊은 양수가 부하 중에서 제일 똑똑하구나."라고
칭찬했는데, 이처럼 총명한 양수가 일찍이 조조의 환심을 사게
되었다는 일화입니다.

또 하루는 조조가 부하들에게 화원花園을 하나 꾸미라고 명령

하였습니다. 그리고 얼마 후 꾸며진 화원을 구경하러 갔는데 아무 말도 하지 않고 그저 별로 좋지 않은 표정을 지으며 화원 문에 '活살 활' 자만을 쓴 채 그대로 돌아가 버렸습니다.

조조가 그걸 왜 써놓았는지 아무도 이해하지 못 하고 어리둥절하고 있을 때, 양수가 지나가다 이를 보고 말하기를 "문門에다 활活자를 써놓았으니 두 개를 합성하면 '넓을 활闊'자이니 승상께선 화원이 너무 널찍하니 휑해 보여서 맘에 드시지 않은 것이오"라고 해설하여 정원사들은 화원의 폭을 좁히고 아담하게 개조하였습니다.

수일 뒤 조조가 다시 와서 정원의 크기가 알맞게 되었다고 만족하고는 어떻게 그 뜻을 알았냐고 묻자 사람들이 양수가 말해주었다고 대답하였습니다. 조조는 그 말을 듣고 정원사들이 고민할 몫을 양수가 빼앗아 가버렸다며 조금 마음이 언짢다는 말을 했습니다.

세월이 흘러 서기 219년 어느 날, 양수가 조조를 모시고 촉나라 원정길에 나섰습니다. 조조의 군대는 국경 지대인 한중漢中이라는 곳에서 유비의 군대와 일진일퇴一進一退의 공방전을 벌였습니다.

그러던 어느 날 조조가 저녁 식사로 계탕鷄湯을 먹고 있었는데 장수 하후돈夏候惇이 막사로 들어와 오늘 저녁 야간 암구호를 알려달라고 합니다. 조조는 암구호로 당시 손에 쥐고 있던 것을 보고 '계륵'이라 무심코 말해주었는데, 계륵이란 '닭의 갈비'라는 뜻입니다. 아시다시피 이 부위가 살점이 별로 없는 부위로, 버리자니 아깝고 먹자니 살이 없어 살짝 고민하게 되는 부위지요.

다음 날 조조가 화장실에 가려고 새벽에 막사 문을 열었는데 보초를 서야 할 병사는 없고 모두 짐 꾸러미를 싸고 있습니다. 무슨 일이기에 보초는 서지 않고 이 새벽부터 짐을 싸고 있는 것인지 물으니 전날 밤 양수가 이렇게 말했다고 합니다.

"조조께서 계륵이라고 하신 말뜻은 이 한중 땅이 별로 쓸모가 없으니 철수해야겠다는 생각으로 하신 말씀 같다. 그러니 너희들은 내일 새벽 일찍부터 철수 준비를 하는 게 좋을 것이다."

이 말을 듣고 조조는 '양수는 매사에 내 속을 정확하게 간파하니 참 위험한 인물이구나.'라고 생각하였습니다. 결국 양수는 군심을 어지럽혔다는 죄목으로 44세의 나이에 죽임을 당하게 됩니다. 남달리 똑똑했던 양수의 말로는 이토록 비참했습니다.

한편 《삼국지》 인물 중 양수의 라이벌로 지목될 만한 지략가로 '가후賈詡, 147~223'라는 인물이 있습니다.

말년의 조조는 장남 조비曹丕와 삼남 조식曹植을 두고 후계자 계승을 고민하다가 신하들에게 의견을 묻습니다. 그러자 조비와 가까운 이들은 당연히 장남인 조비를 후계로 계승해야 한다고 하고, 삼남 조식과 뜻을 같이하는 이들은 자식 중에서 가장 똑똑한 조식을 후계자로 삼아야 한다고 주장합니다.

조조는 중립적인 인물 가후를 불러 후계자 질문을 던졌습니다. 그러자 가후는 대답은 하지는 않은 채 멍한 표정을 짓고 있습니다. 그러자 조조가 역정을 내며 다시 한번 묻습니다. "이 사람아, 내가 후계자를 묻지 않았는가. 그런데 왜 대답 없이 멍한 표정만 짓고 있는가?"

그러자 가후가 말하길 "문득 원소袁紹와 유표劉表 생각이 나서요." "뭐, 원소와 유표가 생각난다고?" 조조는 가후의 이야기를 듣고 원소와 유포를 떠올려 보았지요.

원소는 산둥성의 맹주로서 아들 원담袁譚과 원상袁尙 중에서 후계자 선택을 고심했던 사람입니다. 결국 장남 원담보다는 총애하던 삼남 원상에게 자리를 물려주려고 했다가 내분을 자초한 지도자입니다.

두 번째 인물 유표는 어떤 사람일까요? 그는 호북성의 맹주로서 장남 유기劉琦와 첩의 아들 유종劉琮을 두고 저울질하다가 차남인 유종에게 후계 자리를 물려주었는데, 자식 둘이 싸움이 나고 자중지란自中之亂에 빠져 조조에게 패망하였습니다.

그런 까닭에 가후의 메시지는, 원소나 유표처럼 장남이 아닌 아들에게 후계자 지위를 물려주면 필경 분란이 일어나게 되니,

개인적인 자질을 떠나서 장남인 조비에게 물려주는 것이 현명한 선택이라는 것을 조조에게 넌지시 일깨워 주고 있는 겁니다.

그렇다면 왜 가후는 직접 조조에게 이를 설명하지 않고 "원소와 유표가 생각났어요."라며 멍한 표정을 지었을까요?

가후는 알고 있었던 겁니다. 상대에게 나의 똑똑함을 뽐내는 건 좋지 않다는 걸 말이죠. 그래서 그는 항상 자신을 감추고 호도 같은 모습을 가지고 있었던 겁니다. 자신의 주장을 드러내기보다는 한발 물러서 상대가 스스로 생각하고 판단할 수 있도록 도와주었지요.

그런 이유에서인지 가후는 태위 벼슬, 즉 국방 장관의 높은 직책에 올라 77세까지 장수하며 천수를 누린 인물입니다.

그에 비해 양수는 가후처럼 남달리 똑똑했지만 자신의 뛰어남을 과시하고 드러냄으로써 결국 젊은 나이에 처형을 당하였다는 점에서 우리에게 여러모로 시사하는 바가 큽니다.

정판교의 가르침처럼, 머리의 총명으로 상대에게 어필하면 상대의 머리로는 인정을 받지만 가슴으로는 인정을 받지 못합니다.

반면에 평범해 보이는 마음의 호도로는 상대의 '머리와 가슴', 둘 다 얻는다는 것을 꼭 기억할 필요가 있습니다.

이번에는 우리나라와 중국의 지식인 사회에서 존경받는 역사적 인물 한 분을 소개하겠습니다.

난득호도의 실제적 모습

은나라 현인 기자

❖

사마천의 《사기》 기록에 의하면 기원전 1046년경 은殷나라 주왕紂王이 달기妲己라는 여인의 아름다움에 취해서 국가를 돌보지 않고, 주지육림 즉 술로써 연못을 만들고 나무에 고기를 걸어서 수풀을 이루어 밤낮없이 술 마시고 고기 먹으며 여러 날을 보냈다는 기록이 있습니다酒池肉林 長夜之飮, 주지육림 장야지음.

그러던 어느 날 주왕이 갑자기 "오늘이 몇 월 며칠이지?" 하고 묻습니다. 신하들이 모두 술에 취해 잘 모르겠다고 말하자 기자箕子라는 사람이 속으로 생각합니다. '모두 오늘 날짜를 모르는데 나 혼자만 알고 있구나皆不知而 我獨知之, 개불지이 아독지지.'

그래서 그들에게 며칠이라고 말해주려 하다가 '나도 잘 모르겠다고 사양하는 게 좋겠다.' 생각하고 "취해서 저도 모르겠습니다辭以醉而不知, 사이취이부지."라고 대답합니다.

기자는 순간적으로 자신이 남다르다는 걸 드러내지 않는 게 좋겠다고 판단한 것입니다. 왜냐면 인간은 똑똑할수록 남들에게 미움받기 마련이란 걸 알고 있었던 겁니다. 평소에도 기자는 출중한 식견을 가지고 있었지만 매사에 자신을 잘 드러내지 않는 현명한 인물이었습니다.

주왕은 훗날 주지육림에 빠져 있다가 정신을 차리고서 현신賢臣들을 다 모아 포락지형炮烙之刑을 내립니다. 뜨거운 구리판에 신하를 걷게도 하고, 쇠를 뜨겁게 달궈서 죽이기도 하지요. 그의 숙부인 비간比干 등 여러 사람이 이 같은 방법으로 처형당했는데, 유독 기자만이 살아서 한반도로 건너왔습니다.

《삼국유사》의 〈기이편紀異篇〉을 보면 단군 고조선 이후로 우리나라 역사가 기자조선箕子朝鮮으로 넘어가게 되는데 바로 기자동래설箕子東來說의 주인공입니다.

조선 시대의 대학자인 율곡 이이가 편찬한 《기자실기箕子實記》라는 저서가 있는데, 기자의 행적을 궁금해했던 중국 명나라의 사신 왕경민에게 율곡이 이 책을 선물했다고 합니다.

은나라의 기자는 호도를 몸소 실천해 보임으로써 중국사와 한국사에서 존숭尊崇 받는 현인賢人으로 청사靑史에 빛나고 있습니다.

그런데 흔히 동양과 서양은 외모가 다른 만큼, 사고思考도 다르고 문화文化도 다르다고 합니다. 그렇다면 서양 사람들은 이런 주제에 대해 어떻게 반응할까요?

서양 철학사에서 너무나 유명한 사례가 있어 여러분에게 소개합니다.

서양의 그리스 시민 재판
소크라테스의 변명

❖

기원전 399년 그리스의 도시국가 아테네에서 소크라테스가 고소당하는 사건이 발생합니다.

이 사건은 소크라테스가 남들보다 '아는 체'하는 나쁜 행실을 하고, 젊은이들에게도 나쁜 인성을 가르친다고 밀레토스가 고소를 한 것입니다.

그 낭시 재판은 고소인과 피고소인 당사자가 직접 검사와 변호사가 되어 법률적인 주장하고, 당시의 직접민주정치 제도처럼 시민 500명이 배심원으로 직접 판사가 되어 재판에 참여해 투표로 판결했습니다.

당시 자기 자신을 변호하는 소크라테스가 말합니다. "나는 정치가도 만나고 시인과 철학자도 만나고 기술 장인과도 만나서 여러 주제로 대화해 보았다. 하지만 그들은 생각처럼 똑똑하지는 않아서 내가 '너희들은 똑똑한 체하는 것만큼 똑똑하지는 않다.'라고 주장했을 뿐이지, 나는 달리 특별한 죄를 짓지는 않았다."라고 피력했습니다.

이러한 주장을 들어 본 배심원단 시민 500명의 투표 결과, 무려 280명이 유죄로 판결했습니다. 무죄라고 판단한 시민 220명보다 더 많은 표를 얻은 소크라테스는 결국 미나리 독즙이 든 잔을 마시고 최후를 맞이했습니다.

그런데 여러분이 보시기에 소크라테스는 과연 어떤 죄를 지었다고 생각하십니까? 아직까지 그 누구도 소크라테스가 좀 아는 체한 것 외에는 다른 혐의점을 발견하지 못하고 있습니다.

대체로 동서양의 고대인들에게 있어서 '아는 체'에 대한 가치 평가는 별반 다르지 않다는 것을 보여주는 예입니다.

그렇다면 고대에 비해 현대사회는 어떨까요? 이번에는 제 주변인들의 모습을 살펴보겠습니다.

인간의 '3체'에 대한 성찰
호도 실천과 내공

제가 지식인 모임에 가보면 우리나라에는 얼마나 '양수' 같은 탁월한 사람이 많은지 실로 말들이 많습니다. 식사 중에도 그분들의 얘기를 듣느라 도대체 정신이 없습니다. 모두 아는 게 너무 많아서 탈입니다.

좀 '아는 체'하는 데에는 지식인뿐만이 아닙니다. 너 나 할 것 없습니다.

2007년부터 8년간 서울 서초동에서, 제가 대형 외식점을 운영할 당시 매일 오전 11시경에는 주방 업무나 고객 서비스하는 직원들과 함께 아침 겸 점심을 먹었습니다. 일과 중 제대로 얼굴을 마주하는 자리라 소통 차원에서 이런저런 질문과 대화를 나눴습니다. 그런데 말입니다. 우리 주방에 얼마나 똑똑한 분이 많은지 누구나 예외 없이 저를 가르치려 듭니다. 심지어 업무를 벗어나 인생살이 강론을 펼치는 경우도 여러 번 겪었습니다. 제가 젊은 사장이라 그런지 발레파킹 담당 주차 요원도 역시 자기 업무와 상관없는 음식점 경영에 대해 저를 일일이 코칭 하는 데 열을 올립니다.

여기저기 모두가 '양수'와 같습니다. 평범한 사람조차도 박사들 저리 가라입니다. 당시 대학에서 초빙교수로 '세계 역사와 고전 과목, 현대 철학 과목'을 강의하는 제가 전공 주제에 대해 오히려 그분들의 강의를 들어야 하니 말입니다.

불현듯 어느 날 깨달음이 있어, 제가 먼저 난득호도의 삶을 실천해 보기로 했습니다.

막상 저 스스로 '호도'의 입장으로 남들과 만나고 대화해 보니 새로운 세상이 열렸습니다. 이제는 더 이상 아는 체, 똑똑한 체할 필요가 없어졌으니 정신적, 시간적 여유가 생겨난 것입니다.

'호도'가 되고 보니 눈이 더 밝아져서 남들의 행동이 더 잘 보입니다.

'호도'가 되고 보니 귀가 더 밝아져서 남들의 말뜻이 더 잘 들립니다.

'호도'가 되고 보니 정신이 더 맑아져서 남들의 속마음이 더 잘 느껴집니다.

그뿐만 아니라 스스로 '호도'가 되어 보니 이상한 에너지가 샘솟는 걸 느낄 수 있었습니다.

오랫동안 '호도'에 머물러 있어 보니 어느새 정신적 내공內功이 여러 뼘 자라고 있다는 희열을 맛볼 수 있었습니다.

분명 '호도'는 우리에게 여러 가지 기적을 선사합니다.

누구나 '호도'가 되는 순간 자기 자신의 눈이 밝아지고, 귀가 열리고, 마음이 청정해질 것입니다.

자, 이제부터 '평범해 보이는 비범함.' 똑똑한 사람이 평범해 보이는 '난득호도'의 삶을 여러분도 작심하고 당장 실천해 보시는 게 어떨는지요?

우리 인간은 누구나 아는 체(지식 등), 잘난 체(외모 등), 있는 체(소유 등)를 하고 싶은 충동을 느낀다고 합니다. 기실 이러한 소위 '3체'는 우리가 참으로 절제하기 힘든 대상입니다.

고전古典을 읽다 보면 '3체'에 얽힌 이야기는 얼마든지 많은 사례를 접할 수 있는데요, 사마천의 《사기》와 《초한지》에서 두 명의 인물을 차례로 만나보겠습니다.

명장 한신의 청년 시절 일화

한신의 과하지욕

❁

먼저 극기克己하는 데 성공한 특별한 사례입니다.

《초한지》의 한신韓信은 일찍이 조실부모早失父母하고 집안에 대
대로 내려오는 보검을 간직하고 있었다고 합니다. 한신이 그 보
검을 지니고 저잣거리를 걷고 있는데 건달 두목이 시비를 걸어
왔습니다. "야, 너 그 칼로 나를 죽일 수 있을 것 같아? 어디 한번
찔러봐라. 혹시 그러지 못하면 넌 겁쟁이니까 내 가랑이 밑으로
기어들어 가." 하고 많은 구경꾼 앞에서 그를 조롱하였습니다. 한
신은 잠시 생각하다가 곧바로 건달 두목의 가랑이 사이로 기어
들어 갑니다. 그는 '내가 이런 친구들에게 칼 솜씨를 자랑하려고
무술을 연마한 게 아니지. 훗날을 기약하자.'라고 생각하며 자신
의 실력을 뽐내지 않고 모욕을 감당했던 것입니다. 이 일화에서
비롯된 고사성어가 '과하지욕跨下之辱'입니다. 한자漢子로 '가랑이
과'를 써 상대 가랑이 사이로 기어들어 갔던 치욕을 한신이 참고
견뎠다는 의미가 되겠습니다.

당시 고아였던 한신이 이 건달을 찔러 죽이고 다른 동네로 피
신할 수도 있었겠지만 만약 그리하여 지명수배자가 되었다면, 훗
날 천하의 영웅이 되지 못하고 한낱 쫓기는 신세로 전락해 평범
한 인물이 될 수도 있었을 겁니다. 그러나 치욕스러운 순간이 지
나고 세월이 흘러서 유방에게 발탁되어 대장군이 되었고, 항우를

격파하는 데 매우 혁혁한 공을 세울 수 있었습니다.

청년 한신은 자신의 칼 솜씨를 자랑하기는커녕 실력을 감춤으로써 장차 역사에 주목받는 명장으로 성장할 기회를 부여받았던 겁니다.

권세가와 호가호위의 마부

안영과 마부의 아내

이번에는 우리가 흔히 볼 수 있는 일반인의 잘난 체하는 사례입니다.

기원전 500년경 춘추시대, 중국 산둥성 제나라에는 안영晏嬰이라는 유명한 재상이 있었는데요. 그는 탁월한 실력은 물론 근검절약을 몸소 실천해 밥상에 두 가지 이상의 반찬을 올리지 못하게 한 위대한 정치가였습니다.

그런 그에게는 오랫동안 함께한 마부가 있었는데 어느 날 이 마부의 아내가 갑자기 이혼을 원하였다고 합니다. 마부가 깜짝 놀라 "당신이 왜 이혼하자고 말하는지 이유를 알고 싶소이다其妻請去 夫問其故, 기처청거 부문기고."라고 물었더니 그 아내가 말하기를 "당신이 너무 잘난 체해서 그래요. 오늘 시장 거리에 나갔다가 우연히 재상 안영과 당신을 보았어요. 안영이라는 분은 총리가 되었어도 아무렇지도 않은 듯 점잖은데 당신은 장관의 마부일 때와 다르게 총리의 마부가 되고 나니 얼마나 으스대고 거들먹거리는지 내가 정말 너무 창피해서 죽는 줄 알았습니다." 마부가 아내에게 다시 묻길 "내가 그렇게 잘난 체했어요?" 아내는 대답합니다 "네. 당신만 모르지, 시장 사람들은 다 당신 보고 무게 잡는다고 수군거립디다. 자기가 총리라도 된 것 같다고요."

자신이 잘난 체하는 걸 정작 본인은 잘 모를 수 있습니다. 그러나 주변 사람들은 금세 알아차린다는 거죠. 으스대고 뽐내는 건 사람들이 어찌나 번개 같은지 금세 다 알아본다는 그런 일화가 되겠습니다. '이 정도는 괜찮겠지.'라고 생각하지만 보는 사람들은 몹시 불쾌한 경우의 잘난 체가 의외로 많이 있습니다.

일상생활 속의 관찰담
주변 지인들의 모습

오늘날 제 주변 사람들은 어떤지 한번 떠올려 보았습니다. 기억에 남는 몇 분만 소개하겠습니다.

먼저 훌륭한 인품의 소유자들입니다.

2003년경 바둑 9단인 친한 지인의 소개로 바둑계 일인자를 처음 만났습니다. 그는 국내외 통산 140회 우승을 차지한 살아

있는 전설로서, 세계 대회 최연소 우승을 비롯하여 총 21회 우승을 차지한 역사상 최다 우승 기록을 보유한 바둑 천재입니다.

2008년에는 거의 매주 만나다시피 했는데 그때마다 그와의 대화는 항상 즐거웠습니다. 그를 만나게 되면 궁금한 게 많아서 다양한 질문을 던졌습니다. 제가 그와 수백 시간에 걸쳐 대화를 나누어 보았지만 단 한 번도 그 어떤 내용으로도 잘난 체하거나 자랑하는 걸 느끼지 못했습니다. 심지어 바둑을 주제로 나눈 대화에서조차 그는 잘난 체한 적이 전혀 없었습니다.

제가 교육 관련 서비스 회사를 설립하면서 운영팀장 한 명을 선발했습니다. 그녀는 대한항공 출신의 재원이었는데 입사 이후 1년 동안 단 한 번도 잘난 체를 하지 않아서 이유를 물어보았습니다. 그녀는 어릴 때부터 아버님의 가르침이 자신의 가치관 형성에 영향을 끼친 결과라고 대답했습니다. 역사적으로 특별한 인물들만이 아니라 드물게 우리 주변에도 가슴속 깊이 겸손한 사람을 만나 볼 수 있습니다. 그래서 가정교육이나 사회교육의 중요함을 다시금 생각해 보게 됩니다.

제가 교육 아카데미를 운영할 때의 일화입니다.

어느 날 회원들 몇 분이 저녁 뉴스를 보고 제게 전화를 걸어온 것입니다. "뉴스에 나온 정부 개각 소식 중에 국방 장관으로 발표된 분이 우리랑 함께 공부하는 회원이랑 너무 닮았는데요? 혹시 그분 아니세요?" "그분이 맞습니다. 잘 모르셨어요?" 그분은 평소 회원들에게 자신이 육군 참모총장 출신이라는 경력을 아무에게도 말하지 않았던 겁니다. 그분의 인품을 아는 저로서는 전화를 끊고 나서 슬며시 웃음이 나왔습니다.

이번에는 반대 사례를 보시겠습니다.

제가 잘 아는 어떤 후배가 올림픽 종목에서 당당히 금메달을 목에 걸었습니다. 그와 함께 술만 먹으면 입에 침을 튀기며 당시 상황 설명에 열을 올립니다. 제 친구들을 처음 소개하는 자리에서는 오히려 점잖게 있을수록 남들이 더 인정해 줄 텐데, 늘 그래왔듯이 스스로 자랑하지 않고는 배기질 못합니다.

또 어떤 선배는 최고 명문대 출신에 머리도 비상하고, 피아노 실력이 수준급이고 서예 전국 대회 입상에, 바둑도 잘 두고, 태권도 유단자에 축구와 야구도 잘하는 참 다재다능한 분인데, 그는 누구든 만나기만 하면 한시도 쉬지 않고 자기 자랑을 반복하여 늘어놓습니다.

굳이 자랑하지 않아도 재능이 많은 것을 주변 사람들은 이미 다 알고 있지만 그는 언제나 변함없이 자랑합니다. 주변 사람들이 견디다 못해 잘난 체 좀 그만하라고 충고를 하지만 아무런 소용이 없습니다.

고전 속 인물이나 오늘날의 현대인이나, 사람은 누구나 자기 자랑이 남들에게 미움을 받는다는 것을 결코 모를 리 없지만 막상 현실에서는 자아도취自我陶醉에 빠져 헤어 나오지 못합니다.

자랑하고 싶은 인간의 본능
세로토닌과 코르티솔

❖

사람들은 왜 꼭 그런 오류를 범하는 걸까요?

자신의 총명함이나 뛰어난 능력을 상대에게 자랑하면 좋지 않다는 것을 알지 못했을까요?

그들은 알고서도 어쩔 수 없이 잘난 체하는 걸까요? 근원적인 이유가 궁금해져서 두뇌 과학을 열심히 공부해 보았습니다.

인간의 두뇌는 타고날 때부터 본능적으로 누군가에게 자랑하고 싶게끔 두뇌 세포가 고정되어 있다고 합니다. 그때문에 다분히 의도적이거나 혹은 자기도 모르게 자신을 자랑하는 것은 본능이므로 너무나 당연하다는 거죠.

인간은 태어날 때부터 기분이 좋을 때는 '세로토닌'이라고 하는 호르몬이 두뇌에서 분비되고, 불쾌한 감정을 가질 때는 콩팥, 즉 부신피질에서 만들어진 '코르티솔'이라고 하는 호르몬이 두뇌에서 분비된다고 합니다. 그러니까 인품과 상관없이 자기 두뇌에서 분비된 '세로토닌'이나 '코르티솔' 호르몬이 그 사람의 기분이나 감정을 지배하게 되는 것이지요.

만일 두 남녀가 만나 대화를 하는 과정에서 본능적으로 남성이 계속 아는 척을 하고 자기 자랑을 한다면 상대 여성은 본능적으로 불쾌한 감정을 주관하는 코르티솔이 머리로 분비하게 되고 반대로 이 남성이 겸손한 모습, 낮은 자세로 얘기를 한다면 여성은 코르티솔보다는 상쾌한 감정이 생겨나는 세로토닌이 분비된다는 겁니다.

자랑은 자신과 남들에 대한 태도가 달라지는 이율배반적 본능입니다. 나는 하고 싶고 남들이 하면 미워지는 선택적 모순입니다.
그래서 우리는 자연스럽게 은근슬쩍 자랑할 때가 대부분입니다. 속으로 티가 나지 않게 자랑하고 있으니 상대는 십중팔구 모를 거로 생각하지만, 실상은 상대가 그 반대로 십중팔구 눈치채고 있다는 것 또한 상반되는 현실 상황입니다.

아무리 상대방이 티 내지 않고 자랑하려 들어도 여러분이 보시기에도 티가 나지 않습니까? 어차피 자랑은 '볼록한 모양을 가진 드러나는 속성'인데 티가 나지 않을 수 있을까요?

동양의 고전 속담과 서양의 격언

노자와 아리스토텔레스

✧

우리는 동양 고전에서 '3체'에 관한 격언을 매우 많이 찾아볼 수 있습니다.

홍자성洪自誠이 쓴 《채근담》에는 "사람은 총명함을 마땅히 감출 줄 알아야 하는데, 오히려 드러내서 자신을 자랑하니 이는 총명한 사람이 아니라 어리석은 것이다聰明人宜斂藏 而反炫耀 是聰明而愚, 총명인의염장 이반현요 시총명이우."라고 말하고 있습니다.

노자老子의 《도덕경道德經》 72장에 '자지불자견自知不自見'이란 명구가 있습니다. '자신이 알더라도 스스로 드러내지 마라.' 유사한 의미로 56장에서 '지자불언知者不言, 즉 아는 사람은 말하지 않는다.'라고 이야기하고 있습니다.

한편 잘난 체하고 싶은 우리를 질타라도 하듯이 가슴에 새길 만한 명언들이 참 많이 있습니다.

'자벌무공自伐無功 - 스스로 자랑하는 사람은 보람이 없다.'
'자긍불장自矜不長 - 스스로 뽐내는 사람은 오래갈 수 없다.'
'자시불창自是不彰 - 스스로 옳다고 하는 사람은 빛나지 않는다.'
'대지약우大智若愚 - 큰 지혜는 어리석은 것처럼 보인다.'

'상선약수上善若水 - 뛰어난 선은 물과 같아서 낮은 곳으로 처한다.'

'지지불태知止不殆 - 그칠 줄 알아야 위태롭지 않다'

'화광동진和光同塵 - 빛은 티끌과 함께 섞여서 빛나려 하지 않는다.'

이처럼 동양 고전에서는 자신의 장점을 절대 자랑하지 말아야 한다고 수없이 강조하고 있습니다.

서양에도 동양 속담과 맥을 같이하는 유사한 격언들이 많이 있습니다. 대표적으로 알려진 '3체'에 대한 경고의 속담들을 몇 가지 살펴보겠습니다.

'A cornered stone meets the mason's chisel. - 모난 돌이 정 맞는다.'

'It is always the secure who are humble. - 자신감 있는 사람들이 겸손하다.'

'The boughs that bear most hang lowest. - 열매 많은 가지는 밑으로 처져 있다.'

'They can do least who boast loudest. - 잘난 체 큰소리치는 자는 해낼 수 있는 게 적다.'

'The worst wheel of the cart always creaks most. -

나쁜 바퀴일수록 더 요란하게 삐걱거린다.'

소크라테스의 죽음에 관해 정확히 인지하고 있던 그리스의 유명한 철학자 아리스토텔레스가 말했습니다.

"생각은 지혜로운 사람처럼 하되 말과 행동은 드러내지 말고 평범한 사람처럼 하라."

양羊의 동서東西와 시時의 고금古今을 통해 우리 인간들의 '잘난 체'에 관한 다양한 사례들을 함께 살펴보았습니다.

무엇보다도 당부드리고 싶은 말은 우리는 '냉철'하게 '자기 객관화'를 해볼 필요가 있다는 것입니다. 그리고 우리가 내세울 만큼 잘난 사람이 아니라면 잘난 체를 삼가는 게 현명합니다.

또 한편으로는 사람들은 못난 사람이 잘난 체하는 것보다 진짜 잘난 사람이 잘난 체할 때가 더 불쾌하다고 합니다. 못난 사람이 잘난 체할 때는 "너는 나보다 못났어." 혹은 "내가 너보단 잘났어." 하고 넘어가 줄 수 있지만 나보다 진짜 더 잘난 사람이 잘난 체할 때는 자격지심自激之心으로 인하여 더욱 불쾌해진다고 합니다.

모쪼록 여러분이 진짜 잘난 사람이라고 생각될수록 꼭 명심해야 될 '인간 심리'입니다.

6강

사람들이 나를 얼마나
알아볼까요?
• 만남의 지혜 •

"넌 평소에 무엇을 생각하느냐?"
"나의 선함을 자랑하지 않고,
내가 베푼 수고를
드러내지 않으려고 합니다."
_《논어》

우리는 살아가면서 새로운 사람을 만날 일이 종종 있습니다. 이때 어떤 사람은 자신의 장점을 드러내 근사하게 소개하고, 또 어떤 사람은 자신을 간단하고 평범하게 소개를 합니다.

여러분은 어떤 쪽에 속하시나요? 혹시 나를 멋지게 소개하지 않으면 상대방이 나를 무시하지는 않을까 걱정이 되진 않으십니까? 그렇다고 반대로 처음 만나는 사람 앞에서 나의 장점을 스스로 드러내자니 좀 잘난 체하는 것 같아 쑥스럽지는 않으십니까?

언젠가 지인의 부탁으로 그가 주최하는 모임에 초대 손님으로 갔습니다. 초청자가 모임 성격상 저 자신의 경력을 자랑스럽게 소개해 달라는 부탁을 받아 상당히 멋져 보이도록 저를 알렸습니다. 나중에 듣자니 제가 노골적으로 자기 PR을 한다고 참석자분들이 뒷이야기를 했다는 겁니다.

그 몇 달 후 어느 유명 인사가 주도하는 라이온스 명문 클럽 모임에 초청을 받아 나간 자리에서는 지난번 경험이 생각나 저를 지극히 평범하게 소개했습니다. 그랬더니 이번에는 회원들로부터 기대 이하의 인물을 추천했다는 평을 받아 저를 초청하신 분이 난처했다는 말을 전해 들었습니다.

그렇다면 도대체 나를 어떻게 소개하는 게 현명한 방법일까요? 저는 이러한 문제에 대한 해답을 얻기 위해, 유명한 역사책이나 인문 고전에서 각종 사례를 찾아보기로 했습니다.

자신을 스스로 천거해서 성공한 인물
평원군과 모수

먼저 자기 PR이 성과를 거둔 사례를 만나보겠습니다.

《사기》의 〈평원군 열전平原君列傳〉을 읽어보면 전국시대 조趙나라에서 평원군이 초나라에 구원을 청할 외교관을 물색하기 위해 함께 떠날 인재 20명을 뽑고자 했는데, 한 사람이 모자랐습니다. 이때 모수毛遂라는 사람이 나서면서 자신을 '낭중지추囊中之錐', 즉 주머니에 들어가도 밖으로 삐져나와 드러날 재목이라고 자신을 PR하며 자신을 추천했습니다. 이에 평원군은 모수를 데리고 함께 초나라로 갔으며 그의 뛰어난 수완으로 성공적인 외교를 마칠 수 있었습니다.

자기 능력 PR로 몰락한 인물

한신의 다다익선

❖

이번에는 자기 PR이 오히려 나쁜 결과를 초래한 사례를 만나 보겠습니다.

《초한지》유방이 항우와의 전쟁에서 최후 승리를 거둔 후 한신을 불러 "명장인 네가 볼 때 내 실력은 어느 정도인가? 내가 군사를 지휘한다면 몇 명 정도 감당이 될 것 같은가?" 하고 묻습니다. 한신이 대답하길 "황제의 실력으로는 10만 명 정도 거뜬하게 운용하실 수 있습니다."

유방은 이 대답을 듣고 속으로 궁금했습니다. '이 10만 명에 대한 지휘력이 정말 대단한 숫자인지, 아닌지 알 수가 없구나….' 유방은 실력을 가늠해 보기 위해 다시 묻습니다. "그렇다면 한신 너는 몇 명 정도 군사를 운용할 수 있겠느냐." 그러자 한신이 말하기를 "황제시여, 저는 다다익선多多益善입니다. 30만, 50만, 아니 100만을 주셔도 좋습니다. 저는 많이 주실수록 좋습니다."

이 이야기를 전해 들은 유방의 아내 여후呂后는 한신이 매우 위험한 인물이라고 판단했습니다. 결국 한신을 함정에 빠뜨려 비명횡사非命橫死 하도록 배후를 조정하지요.

한신은 젊은 날 길거리에서 자신의 능력을 감추고서 때가 도래하여 대장군이 되었으나, 결국 자신의 실력을 잘못 PR함으로써 비참한 최후를 자초하고 말았던 것입니다.

《열국지》,《초한지》등 고전소설이나 이들의 원전에 해당하는 사마천의 《사기》와 진수의 역사서 《삼국지》를 읽다 보면 자기 PR이 실패한 사례는 셀 수 없이 많으며, 앞 장에서 본 소크라테스처럼 오히려 불행의 원인이 된 사례 또한 얼마든지 만나볼 수 있습니다.

이번에는 평소 PR 없이도 상대가 알아보는 세 가지 사례를 살펴보겠습니다.

《삼국지》의 영웅론
조조와 유비의 대화

《삼국지》를 보면 천하의 영웅을 논하는 생생한 일화가 있습니다. 기원전 199년, 유비가 여포에게 쫓겨 조조의 수하로 들어가 지낼 때의 이야기입니다. 어느 날 조조가 텃밭의 채소를 가꾸며 소일을 하고 지내던 유비를 '승상부', 지금으로 말하면 총리실 관

저로 불렀습니다.

조조가 유비에게 물었습니다. "천하의 영웅이 누구인 것 같은가?" 이 갑작스러운 질문에 유비는 적잖이 당황했습니다. 생각할 겨를도 없이 답하기를 "원소와 원술이 아닌가 합니다." 조조가 말하기를 "에이, 그 사람들은 영웅감이 될 수 없지." 다시 유비가 유표와 장로, 손책을 거론하였지만 조조가 손가락으로 유비 현덕과 자신을 가리킨 다음 말합니다. "천하의 영웅은 오직 당신과 나 조조뿐이오." 이 말을 듣자 유비가 깜짝 놀라서 손에 들고 있던 숟가락과 젓가락을 떨어뜨리고 말았다고 합니다操以手指玄德 今天下英雄 惟使君與操 手中所執匙箸 不覺落於地下, 조이수지현덕 금천하영웅 유사군여조 수중소집시저 불각 낙어지하.

조조는 비록 텃밭에서 채소를 가꾸며 세월을 보내고 있을지언정 유비라는 사람의 인물됨을 제대로 간파하고 있었다는 겁니다. 그러니 조조가 자신의 그릇됨을 잘 모를 거로 생각하고 있던 유비는 깜짝 놀랄 수밖에 없었죠. 이 장면에서 우리는 알 수 있습니다. 이렇게 고수는 상대를 정확히 알아본다는 걸 말입니다.

대기만성의 파격적 발탁 일화
문왕과 강태공

❖

기원전 1050년경 문왕文王으로 불리는 인물이 산시성 보계의 위수를 지나다가 한 노인을 만났습니다. 그의 범상치 않은 모습을 알아본 문왕은 그 노인과 몇 마디 대화를 주고받고는 스승으로 모시길 청하고 바로 마차에 태웠다고 합니다. 그저 냇가에서 낚시를 하고 있던 노인을 문왕은 한눈에 그가 인재임을 간파한 것이죠. 그리고 문왕은 아들 희발의 훈육을 그 노인에게 맡겼습니다.

가난한 집안에 보잘것없던 노인이었던 이 강태공姜太公은 나이 칠십이 되어서야 드디어 세상에 빛을 발하게 되었는데요. 희발은 스승 강태공의 지도를 받아 주지육림의 은殷나라 주왕紂王을 격파하고 주周나라의 건국 왕이 되지요. 강태공은 정치적 수완과 병법가로서의 재주가 뛰어나 훗날 중국 산둥성 제나라의 개국 군주가 되었습니다.

이 강태공의 일화를 보면 우리가 젊은 나이에 빛을 발할 수도 있지만 사람에 따라서는 자기 생각보다 늦은 시기에 대기만성大器晚成을 할 수도 있다는 건데요. 꼭 젊은 나이에 주목받지 못하더라도 시간이 흐른 후에 때를 만나면 결국 세상에 그 이름을 떨친다는 일화로 우리가 기억할 만합니다.

인생에는 역시 다 때가 있나 봅니다. 여러분도 남다른 능력이나 실력이 있으시다면 자기 PR에 지나치게 관심 두지 마시고 조용히 주어진 일에 열중하면서 나의 문왕이 나타날 천시天時를 기다려 보시기 바랍니다.

자기 PR 없이 출세한 사례
소하와 한신

　기원전 221년에 중국 중원을 통일한 진시황은 불과 12년 후인 기원전 210년에 타계하였습니다. 항우는 진시황의 손자 자영을 죽이고 장쑤성 쉬저우徐州를 수도로 초나라를 세우고, 유방은 한중이라고 불리는 외딴 험지의 군주로 임명했습니다.

　유방은 오지인 한중 땅에 들어가 힘을 길러서 꼭 쉬저우의 항우를 무찌르겠다고 다짐하고 참모들과 함께 열심히 훈련을 합니다.

　그러나 얼마 후 유방의 진영에 있던 병사들이 하나둘씩 소리 없이 도망가기 시작했습니다. 유방은 가슴이 참 아팠습니다. 그런데 유방이 가장 믿어 의심치 않던 참모 소하마저도 어느 날 사라져 버린 겁니다. 그래서 유방이 말했습니다. "아, 내가 믿었던 소하마저 도망가다니 나는 어떡하란 말인가?"

　그런데 몇 시간 뒤에 소하가 다시 유방을 찾아왔습니다. "오, 자네 도망간 게 아니었는가?" "제가 도망을 가다니요? 사실은 출중한 인재 한 사람이 탈영하기에 그를 뒤쫓아가서 데려왔습니다."

　그 인재가 바로 이 사람 한신입니다. 한신은 그 당시에 낭중 벼슬, 요즘 지위로 말하면 청와대 과장쯤 되는 자리에 있었습니다. 소하는 그를 대장군, 요즘 지위로 말하면 육군 참모총장 자리를 추천합니다. 유방은 그 건의를 받아들여서 20대 후반의 한신을 대장군에 임명하게 되었던 겁니다. 무려 6, 7단계를 승진하는 파격적인 인사였습니다.

훗날 한신은 《초한지》 속 많은 전쟁터에서 유방의 오른팔 역할을 톡톡히 해내는 혁혁한 공을 세웠습니다.

그런데 정확히 말하자면 유방과 주변의 다른 참모들은 한신을 제대로 알아보지 못했습니다. 사실 자신의 능력을 보여주거나 알려줘도 주변에서 잘난 체로만 보지 사실상 그 능력을 잘 알아채지 못하는 경우가 다반사입니다.

그런네 결과적으로 유독 소하가 젊은 한신의 숨은 능력을 제대로 알아봤던 겁니다.

때로는 한신의 경우와 같이 자신의 능력을 드러내지 않아도 그 능력을 꿰뚫어 알아보는 사람이 다수는 아니더라도 소하처럼 주변에 누군가 한 명쯤은 있기 마련입니다. 소화와 같이 남다른 안목을 갖춘 사람에게 발굴된다면 곧바로 퀀텀 점프Quantum jump, 대도약가 일어나기 마련입니다.

자기 PR을 반대한 인물
장자의 예미도중

자신을 PR하지 않은 경우, 끝내 빛을 보지 못한 사례는 역사적으로 없었을까요?

《장자莊子》의 〈추수편〉에 나오는 색다른 이야기가 있습니다.

송나라의 장자기원전 369-289는 세상의 진흙탕 속에서 꼬리를 끌며 살아도 벼슬에 얽매여 속박받는 삶보다는 가난하지만 자유로운 평민의 삶이 좋다고 주장했습니다寧其生而曳尾塗中乎, 녕기생이예미도중호.

예로부터 장자처럼 정말 속세의 입신양명이나 부귀영화에 초연한 선비가 있었다면 끝내 발탁되지 않고 처사處士로 살다 무명無名으로 죽어간 인물이 있을 수는 있습니다.

그러나 실상 장자조차 초나라 조정에서 그를 재상으로 모시고자 했을 때, 예미도중曳尾塗中을 비유로 답했으니 그의 능력은 이미 세상이 알아본 결과입니다.

자기 PR을 하지 않아 세상에 발탁되지 않은 사람은 우리가 결과적으로 알 수 없습니다만, 아마도 진나라의 개자추介子推처럼 세상과 단절된 깊은 산속에 들어가 살지 않는 한 인간 사회에서는 아무리 능력을 깊게 감춘들 낭중지추囊中之錐처럼 필경 사람의 자질은 누군가에 의해 드러나기 마련입니다.

자기 PR의 성공과 실패 경험담

일상생활 사례

❀

지금부터는 앞선 고전의 유형별 예시처럼 제가 직접 경험한 사례담을 말씀드리겠습니다.

어느 날 모 방송국 PD로 재직 중인 고교 동창의 전화를 받고 약속 장소로 달려 나갔습니다. 그 자리에는 선배 PD도 동석하고 있었는데요. 친구는 뜻밖에도 저를 대단한 지식인이라고 선배 PD께 소개하며 그분이 준비 중인 프로그램에 저를 캐스팅하라고 했습니다. 그리고 친구는 제 식견을 PR해 보라며 멍석을 깔아 줍니다. 저는 당시 방송 출연을 생각해 본 적이 없었기에 주저하였으나 지식의 나눔은 학자의 의무라는 친구의 말에 용기를 얻어 쑥스러운 마음으로 PR에 몰두했습니다. 내친김에 대놓고 아는 체, 잘난 체를 마음껏 했습니다.

그런데 말입니다, 결론만 말하면 출연 캐스팅은 되지 못했습니다. 알고 보니 그 선배 PD는 출출하던 참에 영문도 모르고 후배 PD에게 이끌려 그냥 밥이나 먹으러 나왔던 겁니다. 그날 오전에 벌써 출연자 섭외까지 끝낸 상황이라 기본적으로 제게 아무런 관심조차 없었던 겁니다.

그러니 저를 속으로 얼마나 욕했을까요? 저는 그런 것도 모르고 친구의 요청에 따라 열심히 자신을 PR했던 그날을 생각하면 창피해서 지금도 얼굴이 후끈 달아오릅니다.

근자에 이르러 제가 깨달은 방송 출연은 그 방송국이나 PD를 찾아가서 일반인이 자기 PR을 잘한다고 해서 캐스팅되는 성격의 문제가 결코 아닙니다.

자기 PR도 때와 장소, 상황에 따라 아무리 잘해도 소용없는 경우가 많이 있습니다. 결국 불필요한 자기 PR은 남사스럽게 창피함만 낳을 뿐입니다.

오래전 서울 지하철 2호선 시청역 지하도에는 '기린방'이라는 바둑용품 판매점이 있었습니다. 지나가던 저를 붙잡고 그 기린방 사장님이 커피 한 잔을 청했습니다. 길에서 만난 낯선 분이라 경계심이 생겼지만 신원이 분명한 분이라 안심하고 그의 뒤를 따라가 유원 빌딩 내 커피숍에서 대화를 나누었습니다. 그는 다짜고짜 밝은 얼굴을 한 제 성격이 좋아 보여서 부탁할 일이 있다는 겁니다.

시청 주변에 산재한 각 직장에는 아마추어 바둑 유단자들이 대략 10여 명씩 직장을 다니고 있는데 제가 그들을 모두 규합하기에 제 얼굴과 성격이 안성맞춤이라는 겁니다. 뜬금없는 그의 제안에 바둑을 전혀 모르는 저로서는 당연히 거절할 수밖에 없었습니다. 그는 다시 주장하길, 바둑은 몰라도 상관없다고 저를 공들여 설득했습니다. 이때 또 제 내면에서 잠자고 있던 인애仁愛가 발동되고 말았습니다.

사실 저는 어릴 적에 장기를 배워 초등학교 5학년 무렵 시골 동네를 평정했습니다. 동네 어른들을 모두 이긴 후에는 상대할 적수가 없는 고수의 외로움을 나름 알았습니다. 그분이 말한 각 직장의 고수들은 이웃 직장의 고수를 만나고 싶어 한다는 그 말한마디가 제 가슴에 꽂히고 말았던 것입니다.

다음 날부터 열심히 직장 내 바둑 동호회를 찾아다닌 끝에 한 달 뒤 롯데호텔에서 약 150명을 모아 창립총회를 했습니다.

길에서 만난 기린방 대표님과의 만남은 저 자신에 대한 PR은 고사하고, 단지 소하처럼 안목에 따른 발탁으로 저는 친목 모임 규합의 '한신'으로 거듭난 것입니다.

훗날 이 중앙기우회는 전국에서 가장 유명한 사회 저명인사들의 모임으로 발전하게 되었습니다.

대학 동기 중에는 영문과 학도로 나이가 들어 뒤늦게 박사과정에 입학한 친구가 있었습니다. 어느 날 저를 찾아와서는 굉장히 들떠서 말했습니다. "내가 진심으로 존경하는 노 교수님 밑에서 박사 학위를 받을 거야." 그런데 며칠 후 대학원 상견례 자리에서 그 교수님을 만나고 와서는 풀이 죽었습니다. 교수님과 대화에서 자기 PR을 안 해도 그분이 눈빛만으로도 자신을 알아볼 것 같아 평범하게 자기소개를 했다고 합니다. 그렇지 않아도 늦은 나이에 공부를 시작해 자격지심이 있었는데 나이가 너무 많다는 얘기만 반복하고 자기 실력은 몰라준다는 겁니다. 하지만 이 친구는 늦게 시작한 만큼 열심히 공부했습니다. 세월이 조금 흐른 후 결국 이 친구의 저력을 알아본 노 교수님은 전공 분야의 수제자로 삼았고 자기의 자리를 물려주었습니다.

이렇게 당장은 상대에 대해 잘 알아보지 못하고 무시하는 경우도 있지만 결국 시간이 흐른 후에는 그 저력을 알아보고 태도가 바뀔 수도 있습니다. 결국 시간의 문제입니다.

공자 학당의 신입 제자 일화
안회의 고민

기원전 520년경 세계사 최초의 학교가 중국 산둥성 태산 아래 생겼습니다. 지금 여러분들이 중국을 방문해 보시면 취푸曲阜라는 곳에 공자 사당이 있는데요. 여기서 공자는 제자를 양성했습니다. 《논어》나 사마천의 《사기》에 보면 공자의 제자 3,000명 중에는 뛰어난 제자도 여럿 있었는데요. 이 중에서 공자가 시종일관 칭찬했던 유일한 사람이 있습니다. 《논어》에서 언제나 특별히 칭찬받는 바로 '안회顏回'입니다.

《논어》 제9장 〈위정편〉의 내용을 살펴보면 공자가 이렇게 말합니다. "내가 안회와 더불어 종일 대화를 했다. 처음에 그를 어리석은 사람이라고 판단했다. 그런데 계속 대화하면서 결코 어리석지 않다는 것을 알았다吾與回言終日 不違如愚 回也不愚. 오여회언종일 불위여우 회야불우."

여기에 제가 상상력을 더하여 조금 더 해설을 붙인다면, 안회를 처음 만난 날 공자가 오전 수업 시간에 설명을 잘못했는데 안회는 별 반응 없이 묵묵히 듣고만 있었습니다. 오후에 다시 그것을 고쳐서 제대로 설명했는데 역시 안회는 표정이 바뀌지 않았습니다.

'이 사람은 도대체 뭐지? 오전에도 오후에도 내 말을 제대로 이해하고 잘 알아듣고는 있는 것인가?' 궁금했는데 공자가 확인해보니 오전에 잘못된 얘기를 했을 때는 '선생님께서 표현을 실수하시는구나.'라고 이해하면서 그냥 넘어갔더라는 거죠. 그리고 다시 오후에 수정해서 얘기하는 걸 듣고서는 '아, 내가 오전에 생각한 게 맞았구나.' 이렇게 생각하면서 또 자연스레 티 내지 않고 넘겼더라는 겁니다.

공자는 고백합니다. 안회는 처음 만날 때 총명함이 전혀 티가 나지 않았지만, 시간이 지날수록 점점 그가 더욱더 똑똑하다는 것을 알게 되었다고 말이죠.

그래서 공자가 물어봤습니다. "넌 평소에 무엇을 생각하느냐?" 안회가 대답했습니다. "나의 선함을 자랑하지 않고, 내가 베푼 수고를 드러내지 않으려고 합니다無伐善 無施勞, 무벌선 무시로." 이 말을 들은 공자는 다시 한번 놀라게 됩니다.

안회는 평소에 자신을 드러내지 않기 위해 늘 연구하고 노력하는 훌륭한 사람이었습니다.

공자는 《논어》 〈학이편〉에 유명한 글을 남겼습니다. "남이 나를 몰라주는지 걱정하지 말고, 내가 남을 몰라주는지 근심해라不患人之不己知 患不知人也. 불환인지부기기 환부지인야."

나를 모르는 사람들에게 나를 작아 보이게 소개하면 혹시 남들이 나를 무시하지는 않을까 걱정할 수 있습니다. 그런데 공자는 우리에게 말합니다. "지금 당장은 남들이 너를 몰라볼지 모르나 시간이 좀 지나면 어차피 다 알아본다. 사람은 사람을 결국 알아보는 법이니 네가 남을 몰라주는 것이나 걱정해라." 이렇게 《논어》에서 말씀하셨던 겁니다.

고대와 현대의 지인지감 비교
벤처 회사와 복지

현대는 경쟁이 치열한 사회라 흔히 자기 PR 시대라고 하는데, 우리가 안회처럼 행동한다면 경쟁력이 떨어지는 건 아닐까요? 만일 우리가 안회처럼 실제로 행동한다면 그 결과는 과연 어떨까요?

오래전 제가 우연히 알게 된 분과 자주 만나서 이런저런 많은 대화를 나누며 소통하며 지냈습니다. 그런데 어느 날 신문에 난 특집 기사를 보고 깜짝 놀랐습니다. 이분이 대학 입시 전국 수석을 하고 사법 고시까지 수석 합격했다고 합니다. 다시 만날 때 그분께 물었습니다. "아니, 어찌 대화를 나누면서 한 번도 자신을 드러내지 않을 수가 있습니까?" 그분이 말하기를 "시간이 지나면 차차 알게 될 텐데요. 그걸 군이 내 입으로 말할 필요가 있을까요?" 너무나 당연한 말이지만 마치 살아있는 '안회'를 보는 듯하였습니다.

제가 주변의 많은 지인에게 그를 소개해 주었는데요, 모두 이분이 어떤 스펙을 가진 사람인지 전혀 모르면서도 참 좋아합니다. 왜냐하면 매사에 언행이 바르고, 훌륭한 인품을 지니고 있어서 누구나 그를 좋아하지 않을 수가 없습니다.

2012년부터 서울 서초동 법원 앞에서 최고경영자반, 주부반, 일반인반, 대학생반 등 4개의 클래스를 만들어 정기적으로 인문학 강의를 진행했습니다. 일반인 대상 클래스에서 제 강의를 듣고 있던 어느 분으로부터 전화가 왔습니다. 30대 중반의 여성인 그분은 하릴없이 나이만 자꾸 먹게 되니 서둘러 결혼하고 싶어서 여러 번 소개팅을 해봤지만 번번이 잘되지 않았다고 합니다.

그런데 지난달 제 강의를 듣고 나서 결혼 정보 회사가 주관하는 단체 미팅에 나갔다고 하는데요. 이번 단체 미팅 자리에서는 자신을 드러내기보다는 강의에서 들은 안회의 일화가 생각나서 마치 안회처럼 평범하게 자기소개를 했다고 합니다.

하필이면 이번 회합에는 자기 마음에 꼭 드는 남자가 한 분 있었는데요. 그래서 자신의 장점이 될 만한 자랑거리를 PR하고 싶었지만 그냥 꾹 참았다고 합니다. 마음속으로 이 남자가 나를 몰라본다면 내 인연이 아닌가 보다 생각했다는 겁니다.

모임이 끝나갈 무렵 그 남자분이 말하길 "다른 사람들은 모두 자신을 포장하고 화려하게 이야기하는데 유독 당신은 그렇지 않았습니다. 당신을 다시 만나보고 싶습니다." 다행스럽게도 이 남자분이 다음 데이트 신청을 했습니다.

여러분이 만일 그 자리에 계셨다면 자기 PR을 잘하는 분에게만 관심을 두실 건가요?

많은 남성분이 말하길 매력적인 분은 화장기 없는 얼굴에 몸빼 바지를 입고 있어도 끌린다고 합니다. 사람의 매력은 어필appeal이나 PR이 없을지라도 어차피 상대가 자연스레 느끼기 마련입니다.

굴지의 대기업에서 임원 대상 강의를 하던 날입니다. 어느 한 분에게 조심스레 말을 걸었습니다. "대기업 임원까지 되실 정도면 대단히 뛰어난 실력을 갖추고 계실 텐데요, 왜 사장직까지 가지 못하고 전무에서 끝나셨습니까?" 그러자 이분이 대답했습니다. "내가 회사에서 줄을 잘못 서서 이렇게 되었습니다."

저는 또 한 분에게 물어봤습니다. 그러자 이분은 "내 능력은 상무감입니다. 그런데 제가 전무직까지 지냈으니 정말 감사할 따름이지요."라고 대답합니다. 한 분은 스스로 자평하기를 능력이 있는데 운이 나빠서 전무직에서 멈추었다고 하고, 다른 한 분은 지금의 전무 자리도 과분하다고 합니다.

어느 날 자주 뵙는 중견 그룹의 회장님으로부터 신사업의 대표이사 자리에 적절한 한 분을 추천해 달라고 의뢰를 받았습니다. 저는 앞서 만났던 두 분 중에 어느 분을 추천할까 고민을 하다가 왠지 더 신뢰가 가는 후자의 분을 추천해 드렸습니다. 세월이 지나 나중에 그 회장님께서 이분이 굉장히 일을 잘하신다고 제게 추천을 감사해 했습니다. 나중에 또 추천 의뢰가 있어 이번에는 '회사 내에서 줄을 잘못 섰다는 분'을 추천해 드렸습니다. 안타깝게도 이분은 기대했던 것만큼의 성과가 나오지 않았다고 전해 들었습니다.

자기 PR의 기본 원리와 지혜
조각가와 조각 이치

앞서 자기 PR에 관한 주제로 고전 속에서 네 가지 유형의 사례를 살펴보았습니다.

자기 PR을 해서 모수자천毛遂自薦처럼 성공한 사례도 있었고 한신의 다다익선多多益善처럼 실패한 사례도 있었습니다. 다시 말해

자기 PR은 잘하면 인생 성공을 만들어 낼 수 있고, 잘못하면 오히려 자신을 망치는 해악이 될 수도 있습니다.

한편 자기 PR을 안 했음에도 불구하고 조조가 유비를 간파한 것처럼, 문왕이 필경 강태공을 알아본 것처럼, 소하가 한신을 발탁한 것처럼 최상의 결과를 만들어 낸 사례도 있었습니다.

한편 안회는 평소 자기 PR을 하지 않았으나 그런 그를 공자는 알아보았고 결국 누구보다도 총애받는 제자가 되었습니다. 그의 인품은 오늘날 우리에게 큰 교훈을 남겼습니다.

우리가 조형물을 조각할 때, 처음에는 눈을 작게 시작하고, 코를 크게 시작하는 게 현명하다고 합니다. 왜냐하면 다시 봐서 눈이 너무 작다고 생각되면 더 크게 키울 수 있고, 코가 너무 크다고 생각되면 더 작게 깎아낼 수 있기 때문입니다.

그 반대로 눈을 너무 크게 파내면 자연스럽게 줄일 수 없고, 코를 많이 깎아버리면 이미 깎아버렸으니 더 크게 키울 수가 없다는 겁니다.

이러한 지혜를 우리 일상생활에 대입해 본다면, 사람을 대할 때 엄격함은 조각 시 코와 같아야 한다는 겁니다.

처음에 최대한으로 엄격하게 시작하여야 문제가 생기지 않습니다. 처음에 느슨하게 사람을 대하다가 나중에 엄격하게 대해주면 반감이 생겨버립니다. 상대가 받아들이기 싫어합니다.

사람을 대할 때 인자함은 조각 시 눈과 같아야 한다는 겁니다.

처음에 최소한으로 인자하게 시작하여야 문제가 생기지 않습니다. 처음에 따뜻하게 사람을 대하다가 나중에 평범하게 대해주면 반감이 생겨버립니다. 사람이 변했다는 말을 들을 수 있습니다.

그렇다면 사람들에게 나를 처음 소개할 때는 둘 중에서 어느 경우에 해당할까요?
'자기 PR의 원리'는 후자의 조각가가 눈을 조각하듯이, 상대에게 인자함을 베풀 듯이 해야 합니다. 처음에는 내가 작게 보였는데 나중에 상대가 나를 점점 크게 느끼게 될수록 좋습니다. 그만큼 나를 더 좋아하게 될 것입니다. 만일 처음에 나를 크게 보았는데 갈수록 상대가 나를 작게 느끼게 된다면 그만큼 실망하게 됩니다.

앞으로 새로운 사람을 만나게 될 때는 먼저 판단을 해보시기 바랍니다.
한 번 만나고 끝날 사이라면 내 PR을 해도 상관없습니다. 어차피 다시 볼 사이는 아니니까요, 어쩌면 그런 사람에게는 내 PR조차 의미 없는 낭비가 아닐까 싶습니다.

그런데 장차 다시 만나게 될 사이, 거래처가 되어 자주 보게 될 사이, 혼인 관계로 친인척이 될 사이 등 자의나 타의로 인간관계가 지속될 입장이라면 마치 조각가가 되어 눈을 조각하듯이 처음에는 최대한 나를 작아 보이게 하는 게 슬기로운 방법이 아닐까 합니다.

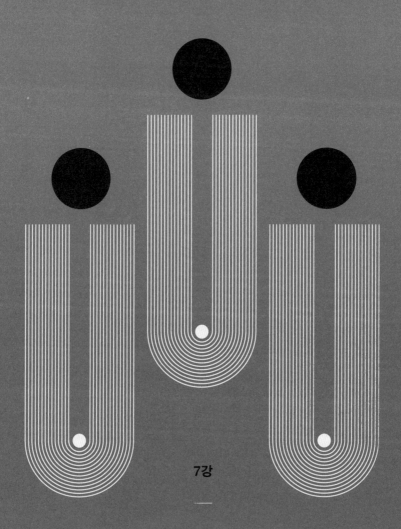

7강

———

진정한 겸손이란
무엇일까요?

• 겸허의 지혜 •

"교만의 반대편에 선 미덕이 겸손이다.
진정 겸손해지고 싶다면
가장 먼저 자신이 교만하다는 것을
깨달아야 한다.
겸손해지고 싶다면 겉으로 배우지 말고
네 내면에서, 나는 태어날 때부터
교만하다는 것을 먼저 깨달아라."
_ C.S.루이스

　우리는 어릴 적부터 '사람은 벼와 같이 익을수록 고개를 숙여야 한다.'라고 배웠습니다. 그런데 내면의 변화 없이 '나는 남들보다 잘났어.' 하고 거만한 생각을 하는 사람이 단지 고개만 조금 숙인다고, 자세만 낮춘다고 겸손한 사람이라고 인정할 수 있을까요?

　어느 날 알고 지내던 대학 선배님을 만나서 대화하던 중 제 소신을 피력한 적이 있습니다.

　평소 그 선배님은 겉으로는 겸손한 척하지만 은연중에 속의 교만함이 드러날 때가 참 많습니다. 교만한 사람들의 특징은 비교적 목소리가 크고 고집이 세며 남을 비평하거나 지적하면서 의외로 자주 자신이 못난 사람이라고 말하지만, 그 말에 대한 진정성이 별로 느껴지지 않는 사람들입니다. 그래서 조심스레 조언을 드렸더니 아니나 다를까 적반하장격으로 오히려 겸손치 못하다고 저를 나무랐습니다.

갑자기 궁금해졌습니다. '진정한 겸손은 무엇일까?'
진정한 겸손은 내면의 교만이 사라져야 하는데, 겉으로 드러내지 않거나 교만을 감출 수는 있지만 과연 내적으로 없앨 수는 없는가? 노력한다면 겉으로 보이는 겸손은 실천할 수 있지만 그렇다고 내면의 잘난 것은 저절로 사라질 것인가? 그 잘난 장점이 여전히 존재한다면 진실한 내적 겸손은 어떻게 도달할 수 있을까?

인간이 진정한 겸손에 도달하려면 무엇을 어떻게 노력해야 하는지 궁금해졌습니다. 그래서 저는 이러한 문제에 대한 해답을 얻기 위해, 유명한 역사책이나 인문 고전에서 각종 사례를 찾아보기로 했습니다.

주역의 인간 겸손 표기
지산 겸괘의 형상

먼저 우리가 살펴볼 명고전은 《주역》입니다.
유교의 4서 3경 중 하나인 《주역》이라는 책을 보면 '하늘, 못, 불, 번개, 바람, 물, 산, 흙乾兌離震巽坎艮坤, 건태리진손감간곤', 여덟 가지 자연의 형상을 통해서 우리 인간의 세상사를 64괘로 표현하고 있습니다.

그런데 주역이 어떻게 자연의 형상으로 겸손이라고 하는 인간의 모습을 표현했을까 궁금했습니다. 놀랍게도 주역에서는 흙과 산을 두 겹으로 사용하여 겸손을 표현합니다.

주역의 39번째 괘인 '지산겸괘地山謙卦', 곤괘坤卦인 흙을 먼저 놓고, 아래에 간괘艮卦인 산을 배치하였습니다. 흙 아래 산이 있다는 거죠. 큰 산이 흙에 덮여있음으로써 땅 아래 지하의 산이 드러나지 않는 이 형국을 겸손이라고 표기했습니다. 다시 말해 인간이 자신의 장점을 감추고 드러내지 않는 미덕이 바로 겸손이라는 겁니다.

노나라 패전 장수의 용기
맹자반의 변명

유가儒家는 4서 3경의 여러 책에서 군자의 덕목으로 겸손을 매우 강조하고 있습니다.

공자의 대화록인 명고전《논어》의 제6편 〈옹야편〉을 살펴보면, 춘추시대 노나라는 전투에서 패배하여 '맹자반孟子反'이라는 장수가 병사들을 먼저 후퇴시키고 맨 마지막에 성문으로 입성했다고 합니다. 맹자반은 성안에 들어와서 이런 말을 남겼습니다.

"내가 용감해서 후진을 방어하느라 그런 것이 아니라, 말이 잘 달리지 못해서 제일 끝에 왔다非敢後也 馬不進, 비감후야 마부진."

맹자반은 병사들을 먼저 후퇴시키고 용감하게 후미를 맡아 싸운 것입니다. 그러나 그는 내가 용감해서가 아니라 말이 잘 달리지 못해서 어쩌다 보니 제일 늦게 퇴각했다고 말하는 것이지요. 이 말 속에는 주역의 지산겸괘地山謙卦처럼 자신을 내세우지 않는 맹자반의 겸손이 담겨있습니다.

그런데 여러분이 보시기에 전쟁터에서 퇴각 시 누구나 짐작가는 상황인데 말의 부진이 용감하게 된 원인이라는 맹자반의 겸손이 다소 어색하고 인위적으로 느껴지시지 않습니까? 맹자반이 성안의 백성들이나 병사들로부터 칭찬을 받자 왜 굳이 겸손하게 답했을까요?

지나친 공손의 잘못된 예의
과공비례의 허점

혹시 여러분은 누군가의 격한 칭찬에 몸 둘 바를 모른 적이 있으십니까? 우리는 외모, 두뇌, 실력, 능력, 성과로 인해 때로는 노력, 부지런함, 선행 등을 원인으로 칭찬받을 때가 많습니다.

그런데 우리 예의 문화는 조선 유교 사회 이후로 '겸손'을 무조건 이상 시 하는 겸손 지상주의 폐단이 사회 곳곳에 만연해 있습니다.

제가 아는 지인 중에 머리가 비상하고 훌륭한 인품을 겸비한 40대 변호사가 있습니다. 그는 실력에 비해 매사에 겸손해서 누구나 칭송이 자자합니다.

어느 날 제가 아는 기업 오너께서 찾아와 50대 연령 검사장 출신의 변호사 소개를 원했습니다. 그런데 사건 내용을 들어보니 후배 변호사가 더 적임자인 것 같아 회장님을 설득했습니다. 그리고 법률 상담 차 회장님과 함께 그의 사무실을 방문했습니다. 처음 만난 자리라서 저는 후배 변호사의 장점을 크게 자랑하면서 소개를 했습니다. 그런데 갑자기 그 후배는 과찬이라며 선배가 자신을 정확히 잘 몰라서 칭찬한다고 말하는 겁니다. 그날따라 그가 지나치게 겸손을 표하자 마치 내게 어떤 이득이 있어서 평범한 변호사를 소개하는 것으로 오해받을 소지도 있어 참 찜찜한 기분을 떨칠 수 없었습니다.

《논어》의 〈선진편先進篇〉에서 지나치게 공손하면 오히려 예의에 어긋난다는 뜻으로, 공손함도 도가 지나치면 오히려 상대방에게 무례를 저지르는 것임을 일컬어 '과공비례過恭非禮'라 합니다.
《맹자孟子》에 나오는 〈이루장離婁章〉 내용을 송宋나라 학자 정자

程子는 "공손한 것은 본래 예의지만 지나친 공손, 즉 과공過恭과 같은 행위는 잘못된 예의恭本定禮 過恭則非禮之禮."라고 풀이하였습니다.

여러분은 사회생활에서 예의를 얼마나 중시하십니까?

유가의 공자는 《논어》 전편을 통틀어 예를 무척 강조합니다. 특히 〈안연편顔淵篇〉에서는 '극기복례克己復禮'라 하여 자기 자신을 이기고 예로 돌아가라고 설파합니다. 심지어 〈학이편學而篇〉에서는 부자가 교만하지 않는 것보다 예의를 좋아하는 게 더 낫다고 주장합니다.

상대의 칭찬에 대한 호응 방식

긍정과 부정 사이

어느 날 대학 동기가 갑자기 저에게 질문을 던졌습니다. "남들이 너를 칭찬할 때 어떻게 반응해?" 저는 급작스러운 질문에 당황했습니다. "글쎄, 일반적으로 칭찬을 받을 때 누구나 '감사합니다' 또는 '과찬이십니다' 이런 식의 답변을 하지 않나?" 사실 우리는 남의 칭찬에 별생각 없이 너무나 형식적으로 판에 박힌 듯 반응을 보입니다.

친구는 제게 말했습니다. 칭찬에 대한 반응을 깊게 생각해 봤는데, '감사합니다'는 칭찬을 무조건 수용하는 듯 겸손이 부족한

거 같아 좋지 않고, '과찬이십니다'란 표현은 상대 호의를 부정하는 거 같아 좋지 못하다는 겁니다. 그는 새로운 방식을 제안하길 "차라리 쑥스러운 표정으로 눈만 껌벅이는 건 어떨까?"

저는 이 친구의 제안에 선뜻 공감이 갔습니다. 상황에 따라서 겸손에 대해 논란의 여지가 있는 긍정도 부정도 아닌 가치중립적 반응이 어쩌면 더 나을 수도 있다는 생각이 들었습니다.

설령 맹자반의 말馬이 부진해서 후미에 들어온 것이 사실일지라도 굳이 변명 아닌 변명을 하기보다는 눈을 껌벅이며 그냥 자연스레 받아들이는 모습이 더 낫지 않았을까 한번 상상해 봅니다.

노자와 공자의 만남
노자의 혜안

이번에는 도가道家 사상가인 노자를 만나보겠습니다.

사마천의《사기》에 보면 기원전 510년경, 공자가 주나라 왕실 도서관에서 사서로 일하던 노자를 방문하였습니다. 그리고 노자에게 예의에 대해 물었습니다. 노자가 대답하기를 "돌아가시오, 그대여. 당신은 교만한 기운과 욕심을 많이 가진 게 보이는구나去

子之驕氣與多欲, 거자지교기여다욕."

　공자는 돌아 나와서 제자를 만났습니다. "선생님, 오늘 노자를 만난 느낌이 어떠셨습니까?" 그러자 공자는 "오늘 노자를 보니 그는 용과 같더라見老子 其猶龍邪, 견노자 기유용야."라고 대답했습니다.

　노자는 공자에게 기분 상할 만한 말을 하였지만 공자는 '아, 내가 들켰구나.' 이렇게 생각했나 봅니다. 그래서 바로 "노자는 용을 닮았더라. 고수인 노자는 나를 들여다볼 줄 알더라."라고 답변하였던 겁니다.

　그 후 공사는 더욱 학문에 정진하였고, 그는 50대에 지천명知天命하여 진정한 스승으로 거듭 태어나 동아시아에서 '만세사표萬世師表'된 것입니다.

인생도처유상수의 일화
김 병장의 심안

　저는 20대에 군 복무를 육군사관학교 근무 지원단에서 마쳤습니다. 당시 자대 배치를 근지단 시설대로 받았습니다. 그런데 시설대의 주요 업무는 육사 생도 화장실 보수공사 등 하는 일이 매우 거칠고 힘든 작업의 연속이었습니다. 그래서 학교본부대로 배치된 훈련소 동기들을 보면서 내가 행정병을 더 잘할 수 있을 거란 교만한 생각이 들어 시설대 임무에 왠지 회의감이 생겼습니다.

그렇게 신병新兵으로 고생하며 열흘이 지나던 날, 행정반의 선임 병장이 저를 불렀습니다. 그는 뜬금없이 제게 '얼차려'를 명령했습니다. 그가 말하길 제 속이 교만하다는 겁니다. 저는 얼차려를 받은 후 내무반에서 고민을 해봤습니다. '도대체 선임인 김 병장이 언제 나를 봤다고 교만하니 어쩌니 주장한단 말인가?' 군대 신병은 누구나 그렇듯이 선임에게 예의를 다하고 매사에 겸손한 몸가짐과 표정 관리에 주의하던 나로서는 정말 이해할 수가 없었습니다.

그때 불현듯 공자와 노자의 만남이 생각났습니다. 그리고 깨달았습니다. 우리 주변에는 외적인 예의뿐만 아니라 얼마든지 나의 내면을 들여다보는 사람이 있을 수 있다는 것을 말입니다.

'인생도처유상수人生到處有上手'라는 말이 있듯이 여러분도 남들이 누군가 내 속을 단번에 들여다보는 고수가 있다는 점을 인지하시기 바랍니다.

더욱이 우리는 예의적인 겸손이 아니라 내적인 겸손에 진정으로 도달하기를 부단히 노력해야 하겠습니다.

장자의 싸움닭과 '목계지덕' 교훈
주선왕과 기성자

❖

이번에는 도가 계열에 속한 《장자》라는 명고전을 만나보겠습니다.

중국 전국시대 사상가 장자莊子의 저서 속 〈달생편〉에는 다음과 같은 우화가 나옵니다.

주周나라 선왕宣王이 싸움에 뛰어날 것 같은 기골이 좋은 닭을 한 마리 선물 받았습니다. 그래서 이 닭을 훈련시키려고 천하의 투계 조련사인 기성자紀渻子를 찾아가서 이 닭을 조련하도록 부탁했습니다. 그러자 기성자가 말했습니다. "왕이시여. 열흘 후에 저를 찾아오십시오." 그 후 왕이 찾아갔습니다. 그랬더니 닭이 퍼덕퍼덕 깃을 세우면서 다른 닭을 쳐다보고서는 한판 붙자는 기색이 완연합니다. "기성자여 고맙소. 닭의 훈련을 참 잘 시켰구려." 그러자 기성자가 말합니다. "왕이시여. 이 닭은 아직은 훈련이 덜 됐습니다. 열흘 후에 다시 와 주십시오."

주 선왕이 열흘을 기다렸다가 다시 갔습니다. 그랬더니 이번에는 닭이 지난번처럼 깃을 세우고 아무한테나 덤벼들려고 하던 기색이 사라졌습니다. "오, 정말 훈련시키느라 수고했구려. 고맙소." 그러나 기성자가 말하길 "왕이시여. 아직도 준비가 덜 됐습니다." "아니 왜?" "저 닭의 눈빛을 좀 보십시오. 상대를 노려보는 눈빛이 '야 한번 덤벼봐. 나한테 혼날 줄 알아.' 하는 기색이 느껴지지 않습니까?" "그럼 난 어떻게 해야 하나?" "왕이시여 다시 열흘 후에 오십시오."

그래서 열흘 후 왕이 다시 찾아갔더니 어느새 닭은 강한 눈빛

을 발사하던 그 모습은 사라지고 흡사 '목계木鷄', 나무 닭과 같았
다고 합니다. 기성자는 그제야 "이제 완성이 됐습니다. 데려가십
시오."라고 말합니다.

이 사연에서 기인한 고사성어가 바로 '목계지덕木鷄之德'입니다.
우리에게 주는 교훈이 무엇일까요? 처음 닭을 조련하였을 때의
모습은 "난 정말 힘세고 뛰어나." 하고 한껏 잘난 척하는 모습이
었습니다. 열흘 후에 찾아갔을 때는 그 힘자랑은 없어진 듯했지
만 "내 눈빛을 봐! 나는 남달라. 한번 덤벼봐라." 하고 무척 공격
적인 눈빛이었지요. 그러나 목계가 돼서야 교만함을 버리고 겸손
해졌으니, 주변의 어떤 위협이나 소리에도 반응하지 않아 진정한
천하의 싸움닭이 되었다는 겁니다.

장자는 '자기 안의 내면적 변화 없이는 진정한 겸손이 아니다.'
라는 것을 우리에게 말해주고 있는 것입니다.

진정한 겸손에 도달하려는 방법 비교
유가와 도가

앞서 살펴본 것처럼 동양의 제자백가 사상 중에서 유가와 도
가는 진정한 겸손에 도달하기 위해 서로 다른 방법을 주장하고
있습니다.

유가의 주장은 날마다 인격에 학문을 더하여 군자가 되는 방법이고, 도가의 주장은 날마다 인격을 통찰하여 나쁜 품성을 제거함으로 훌륭한 사람이 되는 방법입니다.

공자의 유가 학문에서는 '위학일익爲學日益' 즉 학문을 위하는 것은 날마다 더하는 것이라고 합니다. 매일 공부를 하고 학습을 통해서 마음속 보름달을 만들 수 있다고 생각합니다. 비유컨대 반딧불을 하나하나 모아서 티끌 모아 태산으로 보름달을 만들려고 하는 노력입니다.

이에 반해 노자의 도가 학문에서는 '위도일손爲道日損' 즉 도를 위하는 것은 날마다 줄이는 것이라고 말합니다. 그들은 자기 내면에 이미 존재하는 보름달을 어두운 먹구름이 가리고 있다고 생각합니다. 자기 수양으로 그 먹구름을 들어내고 제거하면 보름달의 빛을 누구나 만날 수 있다고 생각하는 겁니다.

불가의 깨달음과 기독교의 규화석
지눌과 《바이블》

❁

우리나라 불교의 큰 스승인 고려 시대 지눌知訥, 1158~1210이 찬술한 대표적인 저서 《보조국사 수심결普照國師 修心訣》이라는 고전이 있습니다.

이 저서에서 대각국사 지눌은 진정한 수행을 '돈오점수頓悟漸修'라고 말하는데요, 먼저 한번 크게 깨닫는 게 필요하고 추가로 날마다 지속적으로 갈고닦아야 한다고 합니다.《수심결修心訣》을 읽어보면 "태양으로부터 얼음이 녹되 모두 단번에 녹는 것은 아니다. 시간이 지나면서 점점 녹게 된다."라고 말하며 깨달음과 실천을 더불어 강조하였습니다. 결국 지눌은 선종과 교종의 결합인 '정혜쌍수定慧雙手'로써 도가 방식의 바탕에 유가 방식의 무늬를 더하는 방법을 주장한 셈입니다.

따라서 지눌의 견해를 대입건대 우리가 진정으로 겸손해지기 위해선 먼저 자기 내면의 교만을 깨치고 외적으로도 완성형 인간의 모습을 향해 매진邁進해야 할 것입니다.

마지막으로 서양인의 생활을 좌지우지하는 인류 최고의 명고전《바이블》을 살펴보겠습니다.

《성경》은 예수 그리스도께서 인간의 죄를 대신 담당하고 십자가에 못 박혀 타계하였으므로, 인간 자신이 아무것도 해결할 수 없는 존재라는 걸 깨닫는 것에서 모든 것이 출발합니다.

따라서 신약《성경》에서 근본적인 겸손은 예수 그리스도의 임재臨在. Presence에서 비롯된다는 걸 알 수 있습니다.

내 잔에서 나의 에고ego는 사라지고 그리스도로 채워지는 것이 겸손의 길입니다. 그러므로 삶 속에서 내가 살아나면 그 순간 그리스도는 사라집니다. 나는 죽고 그리스도가 살아날 때 마침내 진정한 겸손이 숨 쉴 수 있는 것입니다. 결국 나 자신에 속한 에고의 파쇄破碎가 본질적 해결점인 것입니다.

그리고 규화목硅化木이 나무의 성분을 버리고 규화석硅化石인 돌로 변화해 가듯이, 인간이 날마다 깨어있어 예수 그리스도의 성분을 받아들이고 평생 닮아가는 것이 삶의 과제인 것입니다.

참겸손에 이르는 자각의 길
톰 길로비치와 루이스

❖

그렇다면 과연 우리는 구체적으로 무엇을 깨달아야 진정한 겸손에 도달할 수 있을까요?

우리가 내적으로 겸손해지기 위해서는 반드시 두 가지 원리를 알아야 합니다.

무엇보다 먼저 인간은 태어날 때부터 누구나 교만하다는 것을 자각해야 합니다.

인간의 심리적 자존감을 연구한 미국 스탠퍼드 대학의 톰 길로비치Tom Gilovich 박사가 말했습니다. "인간에게는 누구나 '워비곤 호수 효과Lake Wobegon Effect'가 있다."

자기 마음속에 딴 세상을 살고 있는데 이게 워비곤 호수라는 곳입니다. 이 호수에서는 누구나 "난 참 멋있어. 나는 다른 사람보다 더 똑똑한 것 같아. 나는 좀 특별해." 이렇게 사람은 태어날 때부터 자기 자신이 특별하다는 생각을 하는 것이 대부분이라고 합니다. 물론 예외인 사람도 있겠지만요. 인간은 거의 이런 생각을 갖고 살아간다고 합니다.

그래서 본능적으로 우월감 환상이 있다고 합니다. 나는 다른 사람보다 잘났다는 거죠. 그러니 외적으로 내가 상대에게 자랑할 만한 것이 있지 않더라도 인간은 생래적生來的으로 자신을 자랑할 만한 것이 있다고 생각하는 본질을 갖고 태어났다는 것입니다. 그래서 이처럼 자신이 남들보다 더 우월하다고 착각하는 경향을 '워비곤 호수 효과'라고 한답니다.

또 이와 비슷한 견해가 있습니다.

영국 문학의 대표 작가로서 《나니아 연대기》를 쓴 C.S. 루이스 Clive Staples Lewis는 겸손에 관하여 이렇게 이야기했습니다. "교만의 반대편에 선 미덕이 겸손이다. 진정 겸손해지고 싶다면 가장 먼저 자신이 교만하다는 것을 깨달아야 한다. 겸손해지고 싶다면 겉으로 배우지 말고 네 내면에서, 나는 태어날 때부터 교만하다는 것을 먼저 깨달아라."라고 지적했습니다. 톰 길로비치 박사처럼 인간은 스스로 교만하다는 것을 자각하는 것이 진정한 겸손으로 가는 지름길이란 뜻입니다.

다시 말하면 자기 자신이 가만히 생각해 보면 '나는 참 근본적으로 문제가 있구나. 나도 그래, 내 안에 교만한 기운이 있구나.'라고 자신을 정죄하고 심판해야 한다는 겁니다. '나는 잘난 척한 적도 없고 잘났다고 생각하지 않아.' 이것은 문제가 있다는 겁니다.

'내가 다시 생각해 보니까 내가 자랑하지는 않았지만 나도 내 안에 우월감을 느끼고 있구나.'라는 것을 아는 것에서 비롯되고, 헤르만 헤세가 《데미안》에서 말한 것처럼 이 알을 스스로 깨고 나와야 된다는 원리입니다.

두 번째로는 다른 사람과 비교하면서 깨달아야 할 게 있습니다. 바로 세상에서 '인간 능력의 여여如如'를 자각해야 한다고 생각합니다. 여여라는 말은 인도의 산스크리트어인데요. '그저 그렇다, 거의 동일하다'라는 의미입니다.

사회생활 속에서 나와 상대방의 차이에 우열은 있지만 이 우열이 별거 아니라는 거죠. 결국 약간의 보조 수단을 더하면 결국 같아진다는 겁니다. 그러니 인간은 누구도 잘난 체할 수가 없다는 깨달음입니다. 근본적으로 자기부정과 타인 긍정을 할 줄 아는 사람만이 진실한 겸손이 무엇인지 깨닫게 될 것입니다.

《피터 팬》의 저자 제임스 배리James Matthew Barrie가 특별한 명언을 남겼습니다. "인생은 한평생 겸손에 대한 오랜 수업이다."

우리 모두 내면의 텅 빈 겸손함을 자기 존재의 심연에서 먼저 경험하고, 외적으로도 날마다 학습을 통해서 참된 겸손의 모습을 가질 수 있기를 소망해 봅니다.

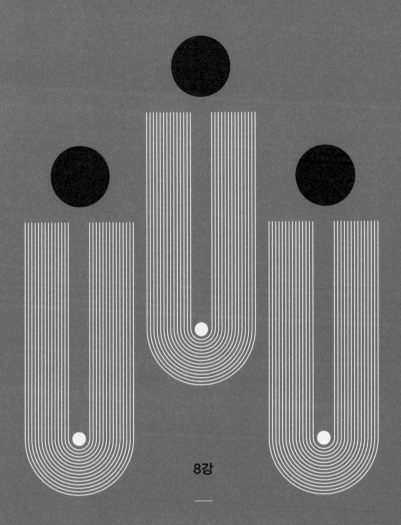

8강

———

상대의 마음을 얻는
비결이 있나요?
● 득인의 지혜 ●

"나는 손님이 찾아오면 식사를 하다가도
먹던 것을 밖으로 토해내고,
머리를 감다가도 머리카락을 손에 쥐고
뛰쳐나간다 飯吐哺 沐握髮, 반토포 목악발."
_《사기》

　사람들은 대부분 나의 주변 사람들에게 애정을 받고 싶어 합니다.

　그렇다면 나는 주변 지인들이 나를 좋아하게 할 나름의 노하우를 갖고 있을까요?

　우리는 상대방의 환심을 얻는 일반적인 방법으로 '먼저 상대방을 칭찬하라' 또 상대방이 이야기할 때는 '상대방의 말에 맞장구를 쳐줘라'고 배웠습니다.

　제게 외부기관의 초청 강의를 자주 연결해 주는 유명한 교육기업이 있습니다. 하지만 그 회사 대표님과는 코드가 왠지 잘 맞지 않습니다. 저는 그분을 만나면 굳이 그분의 말씀에 괜히 아부하고 싶지는 않아서 대화 중 조용히 듣고만 있는 편입니다. 저는 평소에도 성격상 진심도 없이 '상대방에게 입에 발린 칭찬을 하거나, 잘못된 말에 맞장구를 치는 것'이 생각보다 잘 되지 않습니다. 물론 상대방의 기분을 맞춰줘야 그의 환심을 살 수 있다는 건 잘 알지만 그게 그리 쉽지가 않습니다.

저는 타인의 마음을 얻은 '대인 관계 달인들의 비결에는 어떤 방법들이 있었을까.' 궁금해졌습니다. 그 우문현답愚問賢答을 알기 위해, 동서양 역사책이나 인문 고전에서 각종 사례를 찾아보기로 했습니다.

노주공의 '토포악발' 교훈
주공과 백금의 대화

❈

기원전 1046년 주周나라를 건국한 무왕武王은 수도를 산시성 시안에 두고, 봉건 제후를 임명한 뒤 대륙 중원을 백여 개로 분할해서 봉토로 나누어 주며 통치를 위임하였습니다.

건국 공신인 강태공姜太公에게는 산둥성 제齊나라를 통치하도록 위임하였고, 태산 아래 노魯나라는 그의 친동생인 주공周公에게 다스리도록 하였습니다. 그런데 무왕이 즉위 3년 만에 갑자기 병으로 세상을 떠났습니다. 주공은 자신의 나라인 노나라에 부임하지 않고 주나라 조정에 남아 무왕의 아들로서 새롭게 즉위한 어린 친조카 성왕成王을 돕기로 했습니다.

그리고 주공은 아들 백금伯禽을 불러 "네가 나 대신 산둥성에 가서 노나라를 통치하라."라고 하며 다음과 같이 당부의 말을 합니다.

"전임 무왕의 동생이자 현 통치자 성왕의 숙부인 나는, 손님이 찾아오면 식사를 하다가도 먹던 것을 밖으로 토해내고, 머리를 감다가도 머리카락을 손에 쥐고 뛰쳐나간다飯吐哺 沐握髮, 반토포 목악발." 주공이 아들에게 전하고 싶은 메시지의 의미가 무엇일까요?

주공이 말한 내용을 차근차근 다시 한번 복기해 보겠습니다.

주공이 식사하던 중 손님이 찾아왔습니다. 그 음식을 씹어 삼키고 손님을 맞이하려면 조금이라도 시간이 지체됩니다. 그 시간조차 손님이 기다리지 않게 하려고 입안 음식물을 바로 뱉어버리고 달려 나간다는 겁니다.

주공이 머리를 감고 있는데 집으로 손님이 찾아왔습니다. 머리를 닦고 나오려면 또 그만큼 시간이 걸리겠죠. 그래서 주공은 손에 수건으로 머리카락을 움켜쥐고 달려 나갔다고 말합니다. 왕의 친족으로서 권세가인 나는 최선을 다해 사람을 맞이했다는 것을 아들 백금에게 전해주고 싶었던 것입니다. 다시 말해 사람의 마음을 얻기 위해서는 정성을 기울여야 한다는 것을 말해주고 싶었던 것이지요.

이 이야기에서 탄생한 고사성어가 바로 '토포악발吐哺握髮'입니다. 상대를 맞이할 때의 자세와 마음가짐을 잘 알려주는 이야기입니다. 상대방에게 내가 당신을 참 소중하게 생각하고 있다는 느낌을 주는 게 중요하다는 주공의 가르침입니다.

실제로 상대에게 존중받는 느낌을 주어 성공한 사례를《삼국지》에서 찾아보겠습니다.

《삼국지》 화북통일의 결정적 계기

조조와 허유

서기 200년 중국 대륙 중원에서는 대격전이 펼쳐졌습니다. 화북을 제패하려는 조조와 산둥성 맹주 원소袁紹가 격돌을 하게 되었는데요. 이것이 그 유명한 '관도대전官渡戰鬪'입니다.《삼국지》에서 적벽대전, 이릉대전과 더불어 3대 전투인 관도대전은 첫 번째로 나오는 유명한 전투입니다. 이 대전에서 조조는 매우 불리한 싸움을 하고 있었습니다. 원소의 병사 수가 너무 많아서 고전하던 조조가 이대로 패배하고 역사에서 사라질 수 있는 '풍전등화風前燈火'의 위기에 놓여 있었습니다.

그러던 어느 날 조조는 어릴 적 친구인 허유許攸가 막사로 찾아왔다는 전갈을 받았습니다. 문밖에 찾아온 허유를 맞아 조조는 자다 말고 부스스한 모습으로 달려 나갑니다. 발에는 신발도 없습니다. 맨발로 허둥대며 "어허, 이 사람 허유 왔는가?" 하며 달려 나갔습니다. 허유의 마음이 어땠을까요? '아니, 조조가 나를 보고 얼마나 반가우면 맨발로 뛰쳐나와 나를 맞이하는가!' 허유는 조조의 환대에 감동했습니다.

그래서 허유는 조조에게 아주 중요한 기밀 정보를 알려줍니다. "원소는 곡식과 무기를 모두 오소鳥巢에 보관하고 있네. 지금 이곳의 방비가 허술하니 선제공격하여 불태워 버린다면, 장차 전투에서 승리할 수 있을 것이네."

조조는 바로 허유의 말을 따랐고, 결국 원소를 제압하고 화북을 통일하여 위나라를 건설할 수 있었습니다. 놀랍게도 조조가 상대에게 특별한 반가움을 표현한 행동 하나가 불리한 전투를 승리로 바꿀 수 있는 결정적인 계기가 되었던 것입니다.

이번에는 상대를 무시해서 실패한 사례를 《삼국지》에서 찾아보겠습니다.

상대를 무시해서 빚어진 말로

관우와 장비

❖

《삼국지》의 촉나라 유비에게는 관우와 장비라는 의형제가 있었습니다. 그들은 패배를 모르는 무공을 지닌 천하의 명장들이었습니다. 그래서 《삼국지》를 중반쯤 읽어가다 보면 서둘러 이들의 말로가 꽤 궁금해집니다. 과연 큰 활약을 펼치던 천하의 관우와 장비는 어떻게 되었을까요?

위나라 조조와 촉나라 유비, 그리고 오나라 손권은 서로 견제하고 협력하며 무한 경쟁을 하고 있었습니다. 당시 유비는 오나라, 위나라와 국경을 이루는 삼각지대 최고 요충지에 관우關羽를 배치하였습니다.

서기 219년 어느 날 국경을 지키던 관우에게 손권으로부터 편지가 왔습니다. "관우, 당신 자식과 내 자식이 결혼하면 어떻겠는가." 관우는 일언지하一言之下 거절을 합니다. "야, 촌뜨기 손권아. 네가 뭐 그리 잘났느냐. 나는 강북의 영웅호걸 중의 한 사람이다. 어떻게 호랑이 자식이 개의 자식과 혼인할 수 있단 말인가?"

이 답변을 듣고 손권의 분기탱천憤氣撑天, 분한 마음이 하늘을 찌름은 당연한 것이겠지요. 손권은 가장 뛰어난 장수 여몽을 국경으로 파견했고 결국 관우는 여몽의 계략에 말려서 마지막 비참한 최후를 맞고야 말았습니다.

그 후 서기 221년 쓰촨성四川省 촉나라 땅에서, 유비와 장비가
의형제인 관우의 죽음을 복수하기 위해 오나라에게 쳐들어갈 준
비를 하고 있었습니다. 그런데 장비는 뜻밖에도 전투에서 전사한
게 아니라 오나라로 출발도 못 하고 죽었습니다. 어처구니없게도
범강范疆과 장달張達이라는 수하의 장수들이 어느 날 밤 급습해서
잠자고 있는 장비를 찔러 죽이고 말았던 것입니다.

왜 그랬을까요?《삼국지》를 읽어본 분은 너무나 잘 알고 계실
겁니다. 평소에 장비가 범강과 장달을 너무 무시하고 홀대했기
때문에 그들이 반기를 들고일어났던 겁니다.

천하의 관우는 손권의 청혼을 무례하게 거절함으로써 이것이
단초가 되어 비참한 최후를 맞았고, 장비는 평소 부하들을 무시
한 결과 거느리던 수하에게 죽임을 당하였던 것입니다. 무심코
상대를 무시한 일로 인하여 나중에 큰 화를 당한 결과는 고전에
서 얼마든지 만나 볼 수 있습니다.

우리 주변인의 패가망신 뉴스
국회의원과 기업 임원

오늘날 우리 현대사회는 어떻습니까?

2018년 12월 모 국회의원은 김포공항 출발장에서 김해로 떠나기 위해 보안 검색을 받던 중 자신의 휴대전화 케이스에 넣어둔 신분증을 꺼내 보여달라는 공항 보안 요원의 요구를 거절했다고 합니다. "내가 국회의원인데 그런 규정이 어디 있느냐?"라고 화를 내면서 오히려 보안 요원의 얼굴을 자신의 휴대전화 카메라로 찍었다고 합니다. '공항 갑질' 논란을 일으킨 그 의원은 뉴스 보도가 나간 후 시청자들의 따가운 비판 여론이 일어나자, 자신의 무례함에 대해 보안 직원과 국민 앞에 머리를 숙이는 기자회견을 했습니다.

한편 오늘날 뉴스를 시청하다 보면, 고관대작인 분들이 자기 비서나 운전기사의 폭로로 몰락하는 소식을 왕왕 접하게 됩니다. 2021년 11월 국회 상임위원장인 박 모 의원이 운전기사의 양심선언으로 징역 6개월을 선고받았습니다. 보도에 따르면 제보자가 7년간 운전기사로 수행비서 업무를 맡아왔는데, 그 국회의원은 권력을 이용하여 채용 비리 및 사전 선거운동을 저질렀다고 고백했습니다.

문제는 권력자뿐만이 아닙니다. 일반인들도 마찬가지입니다. 2013년 4월, 대한항공 기내에서 모 기업 상무가 승무원을 폭행한 사건이 대대적으로 보도되었습니다. 그는 LA행 비행기 내에서 식사로 나온 밥이 설익었다고 트집을 잡으며 라면을 주문했

습니다. 그리고 라면이 짜다는 이유로 세 번이나 퇴짜를 놓는 등
진상 짓을 계속하다 마침내 책으로 승무원의 눈두덩이를 쳤습니
다. 이 폭행으로 미국에 착륙하자마자 그 상무는 미국 공항 게이
트에서 FBI에게 인계되는 신세가 되었습니다.

그러나 이러한 뉴스들이 나간 후에도 우리 사회에서는 유사한
사건이 계속 반복 발생하는 걸 보면 씁쓸한 기분이 듭니다.
관우와 장비의 일화는 평소 주변 사람에게 무례하거나 함부로
대하는 사람들이 꼭 새겨야 할 교훈입니다.

인간이 느끼는 '존중과 환대'라는 주제를 서양에서는 어떻게
바라보고 있을까요?
전 세계적으로 유명한 전문가의 견해가 있어 두 가지를 차례
로 소개해 드립니다.

서양 인간론 대가들의 주장
카네기와 매슬로

처세술 대가인 데일 카네기Dale Carnegie, 1888~1955의 저서로 베스
트셀러인《인간관계론》을 보면, 사람의 마음을 얻는 비결에 대하
여 동물을 비유로 들었습니다.

우리가 키우는 닭은 주인에게 '달걀과 치킨 요리'를 제공해 주는 매우 유익한 동물입니다. 우리가 키우는 개는 닭처럼 유익함을 주지는 못하지만 주인을 볼 때마다 반갑게 꼬리를 흔들어 대며 주인에게 달려옵니다.

카네기는 자신의 집에 있는 닭과 개를 비교했습니다. "내가 닭과 개 중에서 누굴 더 좋아할 것 같은가?"

카네기의 견해는 대부분의 사람이 유용한 닭보다는 달려 나와 호감을 표현하는 개를 더 좋아한다는 겁니다. 여기서 닭은 '현실적인 유익성'을 의미하고, 개는 '호감과 태도'를 상징하고 있습니다.

그러므로 우리가 실력을 닦는 것도 필요하지만, 상대에 호감을 보이는 애티튜드attitude는 더 중요하다는 것을 알려줍니다.

데일 카네기는 인간관계의 지혜를 이렇게 한 줄로 요약합니다.

'상대에게 호감을 보여라. 호감이 무엇보다 중요하다.'

우리는 사회생활 중 대인 관계에서 직장 선후배나 동료, 친구 심지어 가족 구성원에게조차 카네기의 이론을 명심하고 잘 적용할 필요가 있을 것입니다.

미국의 유명한 심리학자 에이브러햄 매슬로Abraham Maslow는 '인간 욕구 5단계설'을 주장하였습니다. 1단계로 육체적physiological인 생존 본능에 대한 욕구, 2단계로 안전safety의 욕구, 3단계로 소속

감과 사랑love/belonging의 욕구가 있습니다. 그 위에 4단계로 자기 존중self-esteem needs의 욕구와 5단계로 자아실현self-actualization의 욕구입니다.

그러므로 인간이라면 누구나 자신이 잘났든 못났든 존중받고 싶은 본능이 있기 마련입니다.

우리가 사람의 마음을 얻기 위해서는 이 점을 잘 활용할 필요가 있습니다.

우리가 상대를 존중하는 마음으로 대하면 당연히 상대는 본능적으로 기분이 최상급으로 좋아질 겁니다.

한중왕의 인간 존중 사례

한중의 배장단

기원전 202년 유방이 천하를 통일하고 한漢제국을 개국하는데 가장 큰 역할을 한 이가 바로 한신입니다.

한때 한신은 초패왕 항우의 부하였습니다. 하지만 항우는 성품이 거만하고 이기적이라, 한신 자신의 재능을 알아보지 못하자 그를 떠나 유방의 진영에 투신하였습니다.

유방의 참모 소하는 한신의 뛰어난 재능을 알아보고 유방에게 한신을 대장군으로 임명할 것을 요청하지요. 그리하여 유방이 대장군 임명식 단壇을 새롭게 단장하고 부하들이 다 보는 앞에서 큰

절을 올렸습니다齋戒設壇場具禮 至拜大將乃韓信也. 제계설단장구례 지배대장내한신야.

이때 유방의 나이가 40세, 한신의 나이가 25세였습니다. 어린 나이의 까마득한 인생 후배를 대장군으로 임명하면서 나라의 국왕이 큰절을 올린 것입니다. 한신은 이에 무척 감동합니다. 그리고 유방에게 충성할 것을 다짐하고 초한 전쟁의 일등공신이 되었으며 유방은 한제국의 황제가 될 수 있었습니다.

이 교훈을 기념하기 위해 중국인들은 산시성 문화 유적으로 한중시 남문 밖에 배장단拜將壇을 2018년 재건립하여 오늘도 수많은 관광객이 방문하고 있습니다.

인간 존중의 다양한 방법론
신릉군과 후영

❀

사마천의 《사기》〈회음후열전淮陰侯列傳〉에 나오는 이야기입니다.

중국 전국시대 사군四君 중에 위나라의 정치가 신릉군信陵君이라는 분이 있었습니다. 그는 인재를 모으기 좋아했습니다.

어느 날 도성 문을 지키는 문지기 후영侯嬴의 식견이 탁월하다는 이야기를 듣고 직접 찾아가 그를 설득하고 마차에 태웠습니다. 그런데 신릉군의 집으로 가는 길에 갑자기 후영이 말했습니다. "저잣거리에서 푸줏간을 하는 주해朱亥라는 친구를 잠시 만나고 싶습니다. 잠깐 마차로 데려다주실 수 있겠습니까?"

신릉군은 저잣거리에 마차를 세워주었지요. 후영은 친구인 백정 주해를 만나서 대화를 하기 시작했습니다. 10분이 지나고 1시간이 지나도 후영과 주해의 대화는 끝날 줄 몰랐습니다. 그렇게 한 시진時辰, 즉 2시간이 지나고 나서야 후영이 마차로 다가와 "우리 얘기가 다 끝났습니다. 출발하시지요." 그제야 마차는 다시 출발했습니다.

후영이 신릉군 집에 다다른 후 다시 말했습니다. "제가 주해와 이야기를 나누면서 마차 안에서 혼자 기다리시는 신릉군의 얼굴을 자주 보았는데요. 전혀 싫은 내색을 하지 않고 기다려 주시는 온화한 인품에 고개가 절로 숙여집니다. 앞으로 제가 목숨을 다해서 충성하겠습니다."

신릉군은 문지기 출신인 후영의 행동에 화내지 않고, 묵묵한 기다림의 인품으로 그를 대해 결국 후영을 수하에 심복으로 얻을 수 있었습니다.

저는 이 일화를 보고 얼마 전에 제가 누군가를 두 시간 정도 기다리던 일이 생각났습니다. 상대가 약속 시간 체크를 잘못해서 저는 그가 올 때까지 꼼짝없이 두 시간을 기다릴 수밖에 없었는데요. 누군가 두 시간을 기다리는 건, 정말 긴 시간이고 지루해서 한편으론 나도 모르게 화가 조금 올라오기도 했습니다. '나는 상

대 도착 시각이 두 시간 늦어진다는 걸 알고서도 그 기다림을 감당하지 못하는구나.'

신릉군이 더욱 존경스럽게 느껴졌습니다.

우리는 상대를 반가워하는 안색도 중요하지만 때로는 기다림의 미학도 존중의 다른 방식이란 걸 터득하게 됩니다. 진정한 존중에는 외적 표현 못지않게 내적 배려가 더 중요하다는 걸 다시금 깨닫게 됩니다.

상대의 분노를 해소하는 지혜
당나라 누사덕과 아우

❀

증선지가 쓴 《십팔사략十八史略》에 색다른 일화가 있습니다.

중국의 유일한 여자 황제인 측천무후則天武后에게는 유능한 신하 누사덕婁師德이 재상으로 있었는데요, 누사덕의 형제들은 모두 머리가 좋고 성품이 온화하여 출세하였습니다. 어느 날 막내가 대주자사代州刺史 직책의 지방 수령으로 부임하게 됐습니다.

재상 누사덕은 동생을 불러 물었습니다. "만약 네게 어떤 이가 찾아와 시비를 걸며 네 얼굴에 침을 뱉는다면 어찌할 것이냐?" 동생이 잠시 생각하다가 "비록 남이 내 얼굴에 침을 뱉더라도 화내지 않고 가만히 닦아내겠습니다."

여러분 보시기에 동생의 대답이 어떻습니까? 대부분의 관료가 이러한 상황이 닥치면 바로 불같이 화를 내거나 이유를 따져 물을 것입니다. 하지만 동생은 화내지 않고 슬그머니 닦아내겠다고 했습니다. 그러나 이 대답을 들은 누사덕은 동생에게 "너는 수령으로 가지 않는 것이 좋겠다."라고 말하였습니다.

"형님, 제 대답에 어떤 점이 잘못되었습니까? 그럼 이럴 때는 어떻게 해야 하나요?" 그러자 형이 다시 말합니다.

"'타면자건唾面自乾, (침 타唾, 얼굴 면面, 스스로 자自, 마를 건乾)'해야 된다. 즉 침이 얼굴에 묻었을 때 네가 굳이 닦아내지 않아도 몇 분만 지나면 침은 스스로 마르기 마련이다. 네가 화내지 않고 얼굴에 묻은 침을 닦아내는 것은 자연스러운 것 같지만, 상대가 오죽하면 화가 나서 침을 뱉었겠느냐. 그런데 그 화가 난 이유는 알아주지도 않고 침만 닦아낸다면 자기를 무시한다고 생각할 공산이 대단히 크다. 그러니까 네 얼굴에 침이 마를 때까지 차라리 기다리는 것이 오히려 상대에게 존중한다는 느낌을 줄 수 있단다."

누사덕은 동생에게 보통 사람들은 생각지도 못할 답을 제시했습니다.

상대의 마음을 얻는 방법

공자의 교언영색

❖

우리는 생활 속에서 대인 관계에 관한 테크닉을 많이 배웁니다. 그러나 더 중요한 것은 철학과 사상입니다.

우리는 음식 맛을 내기 위해서 MSG라는 인공 조미료를 조금씩 넣습니다. 그런데 이 조미료는 우리 몸에 도움을 주는 재료가 아닙니다. 오히려 우리 몸에는 해로운 인공 첨가물일 뿐입니다.

우리 인간관계도 마찬가지입니다. 괜히 진정성 없이 맞장구치고 칭찬하는 사람들이 마치 MSG 조미료 한 스푼 같은 역할을 하는 것 같지만 길게 내다보면 어쩌면 나의 인간관계를 해치게 되는, 상대의 환심을 받았다가 결국 마음을 잃게 되는 일이 생겨납니다.

제가 63빌딩에서 외국계 기업의 한국 지사장으로 일할 때입니다.

입사 시 처음 만난 임원이 저를 과하게 칭찬하기에 이후 그를 눈여겨보았습니다. 그의 사회생활을 가만히 지켜보니, 만나는 사람들에게 예외 없이 굽신거리고 맞장구치고 아부를 합니다. 그에게는 칭찬을 남발하는 습관이 있었습니다. 그러다 보니 그 임원이 일반적으로 하는 말들과 심지어 업무조차 신뢰가 점점 떨어질 수밖에 없었습니다.

우리는 테크니컬 한 방법을 통해서 당장은 상대의 환심을 살수 있는 것 같지만 진정한 마음이 없는 환심은 곧 잃어버리기 십상입니다.

공자께서 대인 관계에 관한 명언을 남겼습니다. '(남의 환심을 사기 위해) 교묘한 말과 아첨하는 얼굴을 가진 자 중에 좋은 사람은 드물다巧言令色 鮮矣仁, 교언영색 선어인.' 이 말뜻은 교언영색 하는 사람을 잘 구별하라는 뜻도 있겠지만 우리에게 '교언영색' 하지 말라는 의미도 있겠습니다.

주변인 칭찬의 허와 실
재상 추기와 서공

전국시대의 제齊나라에는 얼굴이 너무나 잘생긴 서공徐公이라고 하는 멋진 남자가 있었습니다. 제나라의 재상 추기鄒忌가 어느 날 거울을 보다가 생각했습니다. '나도 대부 중에서는 잘생긴 편인데 서공과 비교하면 내 얼굴은 어느 정도일까?' 궁금해졌습니다. 그래서 아내에게 물어봤습니다.

"여보, 서공과 비교하면 내 얼굴이 어떻소?" 질문하니, "당신이 서공보다 더 잘생겼죠."라고 대답합니다. 서공은 아내의 말에 자신감이 생겼습니다. 그래서 어느 날 자신의 첩에게도 물어봤습니다. 그러자 역시 추기가 더 잘 생겼다는 대답을 합니다. 어느 날 친구가 찾아왔습니다. "자네가 볼 때 나하고 서공하고 외모를 비교하면 어떤가?" "자네가 우리나라의 최고일세."

추기는 이들의 답변을 혼자 곰곰이 생각해 봤습니다. '나의 아내는 팔이 안으로 굽는다고 하니까 내가 물어봤을 때 내가 더 잘 생겼다고 했겠지. 내 첩은 더욱더 사랑받기 위해서 나에게 아부를 한 것이구나. 내 친구는 그날 내게 부탁할 일이 있어서 온 것이니 결국 내가 최고라고 대답을 했을 거야, 그러니 이 대답들은 다 믿을 게 못 되는 것이구나!'

추기는 어느 날 왕을 만났을 때 이야기했습니다. "제 주변에는 이렇게 다 제게 잘 보이기 위해서 제 귀에 듣기 좋은 소리만 하는데, 왕이신 당신의 신하들은 오죽하겠습니까?"

추기의 일화가 오늘날 우리에게 주는 메시지는 주변 사람들의 달콤한 칭찬에 너무 관심을 두지 말라는 것입니다.

일상생활 속 성공과 실패의 사례담
주변 지인들과의 일화

마지막으로 제가 몸소 체험한 본 주제의 사례담을 몇 가지 소개 드리고 싶습니다.

제가 평소에 참 존경하는 변호사인 선배가 있습니다. 가끔 그의 사무실을 방문하면 꼭 저를 보자마자 환하게 웃으면서 제 손을 꼭 붙잡고 반갑게 맞이해 줍니다. 직원들이 보는 앞에서 손을 잡은 채 사무실로 안내를 받으니 굉장히 어색하고 쑥스러웠습니다.

그런데 어느 날 이분이 바쁘셨는지 제 손을 잡지 않고 그냥 방으로 안내를 해주시는 겁니다. 순간 이상하게 제 마음이 굉장히 허전해지는 걸 느꼈습니다. 그때 비로소 깨달았습니다. '이분이 평소에 내 손을 잡아주는 게 부끄러워할 게 아니었구나. 내가 참 존중받고 있었구나.' 하는 생각이 들면서 그 선배님이 참으로 고맙게 느껴졌습니다.

바로 이런 게 주공이 말한 일종의 '토포악발'이란 걸 알 수 있었습니다.

몇 해 전 용산에 있는 합참본부의 초청으로 매달 정기적으로 강의를 하러 다녔습니다. 그런데 모임 주최자인 현역 장군께서 점심을 마친 후에는 어김없이 제게 칫솔을 건네주었습니다. 때로는 본인이 직접 구내매점으로 얼른 내려가 칫솔 세트를 사다 주는 걸 알게 되어 감동했습니다. 진정으로 나 자신이 존중받는 느낌이었습니다.

그런 그분이 얼마 후, 진급되어 군사령관으로 영전되었다는 소식을 듣고 그런 인품에 맞는 당연한 귀결이라 생각되어 진심으로 축하하고 싶었습니다.

어느 날 언론사에 다니는 대학 동창이 전화를 걸어왔습니다. 수화기 너머 그 친구의 목소리는 격앙돼 있었습니다. 그에게 제가 물었습니다. "오늘 무슨 기분 나쁜 일이라도 있었나 보네?"

그 친구는 조금 전 우리 학창 시절 동창과 통화를 하다 기분이 상했다는 겁니다. 오랜만에 그 동창 친구에게 전화를 걸었는데 안부의 인사말도 없이 대뜸 무슨 용건으로 전화를 걸었느냐고 묻더라는 겁니다. 그래서 기분이 확 상했다며 어떻게 오랜만에 받는 친구 전화인데 그럴 수 있느냐고 제게 하소연했습니다.

사연을 자세히 들어봤지만 제가 보기엔 별것 아닌 내용이었습니다. 어쩌면 그 친구가 회사 업무로 매우 바쁜 중에 전화를 받았다면 부지불식不知不識간에 그런 말이 먼저 나올 수도 있지 않을까 하는 생각도 들었습니다. 그러나 듣는 사람에 따라서는 정말 기분을 망치는 중요한 말 한마디일 수도 있겠다는 생각이 들었습니다. 그래서 갑자기 나는 남들과 대화할 때 혹여나 저런 실수를 한 적이 없었을까 하고 뒤돌아보며 가슴을 쓸어내리게 됩니다.

우리는 상대를 대하는 나의 처신이 어떤지 주변인에게 한 번 물어보고 점검받아 볼 필요가 있습니다. 그 대상은 거래처나 직장 상사가 아니라, 회사 건물의 경비 아저씨, 아파트의 경비원이나 청소부 아줌마들이 해주시는 평가, 즉 무심결에 하는 우리의 행동이 알아볼 심사 대상입니다.

우리는 이번 이야기에서 사람의 마음을 얻는 데 성공한 달인들의 사연으로, 토포악발의 실천자 주공, 허유를 감동하게 한 조조, 배장단을 만든 유방, 후영을 움직인 신릉군, 타면자건의 재상 누사덕을 차례로 만나보았습니다.

그들처럼 우리도 타인의 마음을 얻는 독특한 사연의 주인공이 될 수 있도록 자신의 스타일에 걸맞은 방식으로 나름의 노하우를 개발해 보면 좋겠다는 생각을 해봅니다.

9강

—

글쎄,
이 사람을 믿을까요? 말까요?
● 불신의 지혜 ●

"교활한 토끼를 다 잡고 나면
충실했던 사냥개도 잡아먹는다네.
어서 피신하는 게 좋을 것이야.
우리 왕은 관상과 인성을 보면
결코 믿을 수 없는 사람이야.
왕의 곁에 머무른다면
자네에게 큰 화가 닥칠 걸세."

_ 범려

　우리는 사회생활을 하면서 내가 원하든 원치 않든 다양한 사람들을 만나며 살아갑니다. 그런데 누군가를 제대로 알기도 전에 불가피한 상황이 생겨 '이 사람을 믿어도 되나? 말아야 하나?'를 두고 심각하게 고민해 보신 적이 있으십니까?

　하지만 우리는 어떤 사람의 말이나 행동을 과연 믿어야 할지 말지, 또는 그의 언행을 믿는다면 어느 선까지 믿어야 할지를 짧은 시간 내에 분별하고 정확히 판단하기가 참 어렵습니다.

　그래서 인간의 신뢰信賴와 불신不信에 대한 고전에서 판단의 기준이 무엇일까 궁금해졌습니다.

신뢰와 불신의 한 끗 차이

공자의 의심

❈

《여씨춘추呂氏春秋》나 《공자가어孔子家語》를 읽어보면 공자는 50대 중반 노나라에서 벼슬 생활을 하다가 모든 걸 접고 14년간 유랑하며 이웃 나라로 주유천하周遊天下 하던 시절이 있었습니다. 당시 공자의 처량한 신세는 '상갓집 개'에 비유되기도 하였습니다.

채蔡나라의 공자 일행이 진陳나라로 가던 도중에 양식이 떨어져 며칠간 굶게 되었습니다. 무척 아끼던 제자 안회가 가까스로 약간의 쌀을 구해 왔기에 근처의 흉가를 발견한 공자는 안회에게 밥을 짓게 했습니다.

방 안에서 기다리던 공자가 밥이 다 되었는지 확인하려고 밥 짓는 부엌을 들여다보다가 뜻밖에도 안회가 솥에서 밥을 집어먹고 있는 모습을 목격했습니다. 공자는 안회의 행동에 크게 실망했습니다.

얼마 후 안회가 밥상을 차려와 공자에게 권하자 공자는 안회가 몰래 밥 먹은 것을 모른 척하고 안회에게 말합니다. "내가 조금 전에 깜박 졸았는데 꿈속에 조상님이 먼저 간단하게 제사를 지내라고 하더구나. 먼저 밥 한 그릇을 정성껏 가지고 오너라." 그러자 안회가 당황하며 말합니다. "스승님, 이 밥으로는 제사를 지낼 수 없습니다. 조금 전 부엌에서 밥을 짓는데 천장에서 흙덩이가 떨어져서 솥의 밥 위로 흩어져 버렸습니다. 스승님께 이 밥을 드리자니 더러워서 안 될 것 같고, 버리자니 너무나 아까워서 제가 그곳을 살짝 건어 먹었습니다."

이 얘기를 들은 공자는 잠시나마 속으로 안회를 의심한 것을 한탄하며 이렇게 독백합니다. "눈은 믿을 수 있는 것이지만 오히려 그 눈도 믿을 수가 없고, 의지하는 것이 마음인데 그 마음마저 의지할 수가 없구나所信者目也 而目猶不可信 所恃者心也 而心猶不足恃, 소신자목야 이목유불가신 소시자심야 이심유부족시."

'평소에 내가 안회를 아끼고 신뢰하는데 내가 잠시 내 눈으로 본 게 있다고 그를 의심하다니, 내 눈으로 본 것조차도 그것이 꼭 진실이 아닐 수 있구나!' 하고 탄식한 것입니다. 우리가 직접 눈으로 본 것일지라도 함부로 남을 의심해서는 안 된다는 일깨움을 주는 공자의 가르침입니다.

그러고 보면 우리 일상생활에서 사람과 그 언행에 대한 신뢰는 너무나 쉽고도 어려운 성격의 복잡다단한 주제인 것 같습니다.

모든 인간관계의 기초 '무신불립'

자공의 물음

❖

《논어》의 〈안연편〉에 의하면 제자 자공子貢이 정치에 관해 묻자 공자는 "식량을 풍족하게 하고, 군대를 충분히 하고, 백성의 믿음을 얻는 일이다."라고 대답하였습니다.

자공이 "어쩔 수 없이 한 가지를 포기해야 한다면 무엇을 먼저 해야 합니까?" 하고 묻자 공자는 군대를 포기해야 한다고 답했습니다. 자공이 다시 나머지 두 가지 가운데 또 하나를 포기해야 한다면 무엇을 포기해야 하는지 묻자 공자는 식량을 포기해야 한다며, "예로부터 사람은 모두 죽을 수밖에 없으나 백성의 믿음이 없이는 나라가 서지 못한다自古皆有死 民無信不立. 자고개유사 민무신불립."라고 대답했습니다.

이때 공자가 말한 믿음은 비단 국가뿐만 아니라, 사회의 모든 조직과 인간관계에 적용되는 기본 요소일 것입니다.

신뢰에 관한 모범적 사례

상앙의 이목지신

❖

사마천의 《사기열전》에 나오는 중국 법가 사상가인 상앙商鞅에 대한 일화입니다.

전국시대 때 진秦나라의 국가 경영자로서 상앙이 선택을 받았습니다. 그는 제일 먼저 성城의 남문 앞에 방榜을 하나 붙였습니다. "이 나무를 북문으로 옮겨 놓는 사람에게는 누구든 10금金을 주겠노라." 그런데 사람들은 이 말을 믿지 않았습니다. 말도 안 되는 소리라 생각하고 아무도 호응하지 않았지요. 다음 날 방의 내용이 다시 바뀌었습니다. "남문 앞에 있는 이 나무를 북문으로 옮기는 사람이 있다면 10금이 아니라 50금을 주겠노라." 여러 사람이 "에이, 설마." 하고 지나갔지만 어떤 한 남자가 "그래, 밑져야 본전이지!" 하고 그 나무를 북문으로 옮겼고, 상앙은 바로 그에게 50금을 하사하였습니다.

이를 본 백성들이 무슨 생각을 하였을까요? '아, 상앙이 말한 것이 진짜로구나!' 이렇게 사람들에게 신뢰를 얻은 상앙은 새로운 법령을 과감하게 시행함으로써 진나라를 법치국가로 만들었고, 100여 년이 지난 후 진시황은 이 법치주의 토대 위에서 중국 대륙을 통일할 수 있게 되었습니다. 나라를 다스리는 데 있어 백성들에게 신뢰를 주는 것이 얼마나 중요한지 보여주는 일화입니다.

아무래도 신뢰는 국가나 단체 조직이 백성이나 개인으로부터 받아야 할 필수 불가결한 조건입니다.
그러나 우리가 상대방을 신뢰하는 건 전혀 다른 성격의 문제입니다.

장판교의 목격담과 유비의 소신

조자룡과 장비

❁

《삼국지》에 보면 서기 208년 유비 일행이 조조의 군대에 쫓겨 형주에서 남쪽의 맹주 손권을 찾아 떠나게 됩니다. 이때 조조의 병사들이 너무 숨 가쁘게 추격해 오자 장비가 조그만 다리 길목에서 혼자서 조조의 대군을 막아 선전을 펼칩니다. 이것이 그 유명한 당양當陽의 '장판교長阪橋전투'입니다. 그런데 그때 장비는 아군 상수인 조자룡趙子龍이 조조의 군사들 쪽으로 말을 타고 달려가는 것을 발견합니다.

시간이 지난 후 전열을 정비한 유비는 조자룡이 보이지 않자 그를 찾고 있었습니다. 그러자 장비가 말합니다. "제가 아까 조자룡이 조조 군대 쪽으로 달려가는 걸 목격했습니다. 조자룡이 의리 없게 우리가 싸움에서 불리하니 조조에게 항복한 것 같습니다." "그럴 리가 없다. 내가 평소 조자룡의 인품을 아는데 절대로 쉽게 투항할 사람이 아니다." 유비의 주장에도 불구하고 장비는 자신의 목격담을 다시 강조하며 목청을 높였습니다. "글쎄, 제 눈으로 똑똑히 보았다니까요!"

그런데 얼마 후 적진 쪽에서 소란이 일더니 조자룡이 말을 타고 유비의 군대 쪽으로 달려왔습니다. 그리고 급히 품 안에 있던 뭔가를 꺼내어 유비에게 바쳤는데요, 열어 보니 바로 유비의 갓난 아들이었습니다. 조자룡은 적진에 버려진 유비의 아들을 목숨을 걸고 구해 온 것인데 바로 이 아들 유선은 훗날 유비의 뒤를 이어 촉나라 2대 황제에 오르게 됩니다. 이후에도 조자룡은 오호대장군五虎大將軍의 한 사람으로 평생에 걸쳐 유비 곁을 지키며 맹위를 떨쳤습니다.

평소 사람을 믿는 것이 어떤 상황에서도 중요하다는 것을 유비가 우리에게 몸소 보여준 훌륭한 사례입니다.

고전 《명심보감》의 〈성심편〉을 펼쳐 보면 "사람이 의심스러우면 쓰지 말고, 기용한 사람은 의심하지 말라疑人莫用 用人勿疑, 의인막용 용인물의."라고 주장합니다.

삼성 그룹을 창업한 이병철 회장님은 경영 철학으로 평소 이 문구를 즐겨 말씀하셨고 그의 자서전인 《호암자전》에도 기록되어 있습니다.

하지만 격변하는 오늘에 이르러 인간관계란 꼭 믿는 사람만을 쓸 수도 없는 게 세간世間의 사정이니, 인간에 대한 '신뢰'는 현실적으로 그리 간단한 문제가 아닙니다.

우리나라 속담에도 '지부척족知斧斫足'이라는 말이 있습니다. 믿는 도끼에 발등을 찍힌다는 의미입니다. 사람을 쉽게 믿었다가는 망신을 당할 수도 있다는 말이지요.

이번에는 반대로 인간을 신뢰信賴해서 낭패狼狽를 본 사례를 만나보겠습니다.

선행의 함정과 신뢰의 어리석음
진헌공과 여희

❈

사마천의 《사기》〈진세가晉世家〉에 진헌공晉獻公과 여희驪姬의 이야기가 있습니다.

진晉나라 군주 헌공이 본처가 죽자 새 장가를 들었는데 그 후처는 천하의 미녀美女인 여희라는 인물이었습니다. 원래 헌공에게는 본처에게서 태어난 세 형제가 있었는데, 그중 신생申生이라고 하는 장남이 태자太子로 이미 지명되어 있는 상태였습니다. 그런데 진헌공과 여희 사이에서 해제奚齊라는 아이가 태어났습니다. 헌공은 이 아들을 너무 예뻐했던 나머지 여희에게 제안을 합니다. "나는 신생을 태자 자리에서 폐하고 우리 사이에 태어난 아들 해제를 새로운 태자로 삼고 싶구나吾欲廢太子 以奚齊代之, 오욕폐태자 이해제대지."

이 말을 듣자 여희는 뜻밖의 반응을 보입니다. "임금께서 반드시 그렇게 하셔야 한다면 첩인 저는 스스로 목숨을 끊어버리겠습니다君必行之 妾自殺也, 군필행지 첩자살야."

이 대답을 듣자 진헌공은 여희의 착하고 기특한 마음씨에 감동하여 더욱더 그녀를 신임하게 되었습니다. 그러나 사실은 여희가 착한 건 고사하고 검은 속마음이 가득하여 아직은 때가 아니라고 생각해서 본심을 감추고 자신의 아들 해제를 군주로 만들 완벽한 기회를 엿보고 있었던 겁니다. 때가 무르익자 여희는 결국 태자 신생을 모함하여 스스로 자결하도록 만들었습니다.

그 뒤에도 진헌공은 여희를 계속 믿음으로써 자기 발등을 찍히고 결국 패가망신하고 말았습니다.

우리도 사람을 잘못 믿으면 인생이 송두리째 망가질 수도 있습니다. 친한 지인은 물론 심지어 가까운 가족이라고 무조건 신뢰할 수 있는 것도 아닙니다.

어떤 유명 가수가 어머니에게 10년간 통장을 맡겼다가 모두 탕진하고 오히려 은행 부채만 10억 원 생긴 사건이 발생해 법원은 친모에게 100m 이내 접근 금지 명령을 내린 것으로 밝혀졌습니다.

또 최근 어떤 방송인이 가족들에게 돈 관리를 30년간 맡겼다가 최근 친형을 116억 원의 횡령죄로 고소한 사건도 뉴스 전파를 탔습니다.

신뢰에 대한 상반된 주장

유가와 법가 철학

유가는 '인간을 신뢰하라.'라고 가르치고, 법가는 '인간을 믿지 말라.'라고 목소리를 높입니다.

중국의 제자백가諸子百家 사상 중 유가에서는 '자기 자신을 믿는 사람이 남도 믿어준다.'라며 인간은 신뢰의 대상임을 강조하지만, 법가法家는 '인간이 본능적으로 이익을 좇아 움직이므로, 늘 자기 이익을 먼저 생각한다.'라고 주장합니다.

따라서 한비자 철학에서는 사람 판단에 불신이 먼저라고 말합니다. 상대방에 대해 절대 방심하거나 틈을 보여서는 안 된다고 조언하고 있습니다.

그렇다면 상대방을 불신하여 성공한 사례와 실패한 사례를 만나보겠습니다.

상대를 불신하여 생존한 인물

월왕 구천과 범려

춘추시대 때 다섯 번째 패자 월왕 구천勾踐에 관한 이야기입니다. 구천은 오랜 시간 오나라와 원수처럼 지내다가 결국 와신상담臥薪嘗膽이라는 고사성어를 낳고 최후의 승자가 되었습니다. 그런데 그를 보필했던 두 신하, 범려와 문종文鍾의 행보는 그 이후 크게 달라졌습니다.

먼저 범려는 "우리 왕 구천은 괴로움은 함께할 수 있어도 즐거움은 함께할 수 없는 사람이야. 그래서 나는 떠날 것이다."

그러자 문종은 말했습니다. "무슨 소리야. 우리가 함께 힘든 과정을 거치고서 최후의 승리를 맛보았는데 앞으로 구천왕을 우리가 곁에서 더 잘 보필해야지."

하지만 범려는 문종의 만류에도 불구하고 고국을 떠나면서 그에게도 구천 곁에서 멀어질 것을 권하는 편지를 남겼습니다. "토사구팽兔死狗烹, 교활한 토끼를 다 잡고 나면 충실했던 사냥개도 잡아먹는다네. 어서 피신하는 게 좋을 것이야. 우리 왕은 관상과 인성을 보면 결코 믿을 수 없는 사람이야. 왕의 곁에 머무른다면 자네에게 큰 화가 닥칠 걸세."

그러나 문종은 끝내 범려의 충고를 믿지 않았고 구천왕을 보좌하다가, 얼마 후 구천에게 반역의 죄인으로 낙인찍혀 마침내 자결하고 말았습니다.

이처럼 문종은 왕을 신뢰했기에 비참한 최후를 맞았으나, 범려는 구천왕을 불신한 나머지 조국을 떠난 후 산둥성 제나라에서 장사를 시작해 거부巨富가 되었고 도주공陶朱公이라고 불리며 천수天壽를 누려, 후세 사가史家들로부터 현인賢人으로 추앙받고 있습니다.

반간계로 인해 실패한 적벽대전

조조와 장간의 편지

❖

《삼국지》에 보면 위나라 조조는 장간蔣幹으로부터 편지 한 장을 받습니다. 그 편지에는 수군의 훈련을 담당하고 있는 충실한 장수 채모蔡瑁와 장윤張允이 반역을 꾀하고 있다는 내용이 있었습니다. 원래 의심이 많은 조조는 충성스러운 부하 채모와 장윤이 오히려 역모를 꾸미고 있다는 편지를 보자마자 조금의 망설임도 없이 두 사람을 불러 참수시키고 말았습니다.

사실 반란 정보는 장간이 오나라의 주유周瑜에게서 받은 거짓 정보인데요, 주유의 이간계로 인하여 조조는 소중한 장수들을 한순간에 잃고 말았습니다. 적벽대전에서 조조는 주유에게 대패하고 나서야 뒤늦게 주유의 계략에 말려들어 채모와 장윤을 죽인 것을 깨닫고 크게 후회하였습니다.

조조처럼 믿어야 할 사람을 믿지 않고, 믿지 말아야 할 정보를 잘못 믿으면 이렇게 큰 낭패를 당하는 경우가 있다는 겁니다. 여기에는 장간이라는 신하가 먼저 주유의 이간계에 빠졌고, 조조는 장간의 편지 내용에 따라 부하 채모와 장윤을 불신했기 때문에 이러한 참혹한 결과가 만들어졌습니다.

앞선 사례들에서 신뢰와 불신으로 인하여 성공과 실패로 나뉘는 4가지 경우를 정리해 보겠습니다.

◈ '신뢰와 불신의 사례 결과' 4유형 요약표

마음 ＼ 얼굴	성공成功	실패失敗
신뢰信賴	유비劉備 → 조자룡趙子龍 사건	진헌공晉獻公 → 여희驪姬 사건
불신不信	범려范蠡 → 월왕 구천句踐 사건	위 조조曹操 → 채모蔡瑁 사건

이렇게 신뢰와 불신으로 말미암은 결과로 성공과 실패의 사례는 모두 존재합니다.

그렇다면 장차 우리는 도대체 누구를 믿고 누구를 불신해야 할까요? 혹은 상대방을 어떤 경우 믿고 또 어떤 경우에 믿지 말아야 할까요?

인간성 측면에서 욕심이나 의심이 많은 인물, 분명한 사유 없이 지나치게 남을 위하는 사람이야말로 요주의 인물입니다.

진시황의 불신을 이겨낸 지혜

왕전 장군의 요구

❖

《사기》의 〈여불위전呂不韋傳〉에 의하면 어릴 적 진시황은 불우한 환경에서 성장했습니다. 그의 아버지는 왕이 아니라 상인商人 출신 여불위이고 어머니는 접대부 출신이었습니다呂不韋因納邯鄲美姬 有娠而獻于楚 生政實呂氏, 여불위인납한단미희 유신이헌우초 생정실여씨.

수완이 탁월한 여불위의 농간으로 모친이 왕족에게 시집간 덕분에 기원전 246년 상양왕이 급사하자 그는 13세 나이로 왕이 되었습니다. 그런데 그의 모친이 젊은 30대라 다른 남자와 불륜의 관계를 지속했고, 그 역시 궁궐에서 모친의 애정 행각을 알고 있었을 것입니다太后淫不止 呂不韋乃求大陰人 太后絶愛之, 태후음부지 여불위내구대음인 태후절애지.

그 뒤 모친의 정부情夫가 이복동생 2명과 함께 반란을 일으키자 그들을 모두 죽이고 모친을 연금시킨 채 부친 여불위에게는 사약을 내려 자결하도록 명령했습니다.

이러한 어릴 적 가정사로 인해 진시황의 성품은 평소에도 의심이 많은 것으로 나타나고 있습니다.

진나라의 장수였던 왕전王翦은 진시황의 부름을 받고 중국의 천하통일에 가장 큰 공을 세운 인물입니다. 기원전 230년경 왕전은 진시황이 수십만 군사를 주면서 전쟁터로 나가게 하자 '어쩌면 내가 쿠데타를 일으킬까 의심하고 나를 소환해서 죽일지도 모른다.'라는 생각을 계속 갖게 됩니다. 생각 끝에 왕전은 진시황에게 5번이나 편지를 보냅니다. "왕이시여, 출병의 대가로 가장 좋은 토지와 저택을 제게 하사해 주십시오."

왕전이 왜 진시황에게 이런 편지를 보낸 것일까요? 의심이 많은 진시황은 왕전의 이 편지들을 읽고 이렇게 생각합니다. "어허, 왕전은 그릇이 작구나. 본인이 수십만의 대군을 거느리고 가면서 쿠데타를 일으켜 나를 치면 온 나라를 가질 수 있는데, 그럴 의도는 없어 보이는구나."

이렇게 판단하고 진시황이 그를 믿게 되었습니다. 반대로 왕전은 진시황을 의심하고 믿지 않음으로써 오랜 시간 자신과 가족들이 무탈하게 잘 지낼 수 있었습니다.

《십팔사략》에 나타난 '권상요목'
이임보의 악행

❈

원나라 학자 증선지의 저술 《십팔사략》에 보면, 서기 736년 당나라 현종 때 이임보李林甫라는 재상이 있었습니다.

그는 재능은 굉장히 뛰어난 인물이었지만 자신의 목적을 위해서는 수단과 방법을 가리지 않는 인물이었습니다. 그는 현종과 양귀비의 마음에 들기 위해 항상 달콤한 이야기를 하며 아부를 하였고, 자신보다 재능이 뛰어난 인물은 어떤 방법을 써서라도 음해하여 죽게 했습니다. 그래서 당시 사람들은 그를 '입에는 꿀이 붙어있지만 뱃속에는 칼을 지니고 있다'라고 '구밀복검口蜜腹劍'의 위인이라고 표현했습니다李林甫 妬賢嫉能 性陰險 人以爲 口有密復有劍, 이임보 투현질능 성음험 인이위 구유밀복유검.

그는 상대를 항상 높은 지위에 올라가도록 황제에게 천거한 뒤, 다시 흔들어 추락시키는 '권상요목勸上搖木' 수법으로 라이벌들을 제거하고 17년간 최고 요직을 독점했습니다.

서양철학에서는 인간은 누구나 '페르소나persona', 가면을 가지고 있다고 합니다. 상대가 유달리 내게 잘해준다면, 내가 잘난 게 원인이라고 생각하기에 앞서 혹시 상대가 당나라 이임보처럼 페르소나로 나를 대하고 있는 건 아닌지 상대를 경계해 볼 필요가 있습니다.

오로지 그가 훌륭한 사람이라는 명백한 다른 물증을 찾을 수 있을 때만이 우리는 그의 언행을 믿어야 할 것입니다.

아울러 우리가 그 사람을 믿어야 할지 말아야 할지 고민될 때, 그가 '처한 상황'도 꼭 참작해야 할 필수적인 요소입니다.

한비자의 이론에 따르면 인간은 '이익을 생각하는 갈대'라고 합니다. 특히 큰 이익이나 사활이 걸린 사안일수록 인간은 상대를 배신할 확률이 높다고 주장하고 있습니다.

신의를 저버린 초한지 '양호후환' 작전
장자방의 전략

《초한지》에 보면 기원전 205년부터 유방과 항우가 3년 동안 일진일퇴의 공방전을 벌였습니다. 긴 시간 전쟁으로 양쪽은 너무 지쳐 신사협정을 하고 휴전을 하기로 했습니다. 중원의 한복판 홍구를 기점으로 서로 물러나기로 했는데요. 이때 유방의 책사였던 장량이 말합니다. "항우가 지금 우리를 믿고 물러날 때 뒷덜미를 잡아서 공격하고, 그의 주력 부대를 완전히 초토화해야 합니다."

그러자 유방이 말했습니다. "그래도 사람이 신의가 있어야지, 휴전을 약속하고 돌아서서 그럴 수 있는가?" "양호유환養虎遺患입니다. 호랑이가 크고 나면 뒤에 반드시 근심이 따르기 마련입니다. 지금 항우를 이렇게 놔두면 나중에는 우리를 공격할 것입니다." 장량의 계속되는 권유에 결국 유방은 그 말을 받아들였고 항우와의 약속, 신의를 저버리고 항우 주력 군대를 궤멸해 버렸습니다.

서로의 생사가 걸린 문제, 이런 상황에서 유방과의 협정을 무턱대고 믿은 항우는 결국 패배하여 역사 뒤안길로 사라졌습니다. 우리는 상대가 처한 위급한 상황에서는 그의 언행言行을 쉽게 믿어서는 안 될 것입니다.

우리 현대사의 신군부와 정부군 약속

1공수와 9공수

이와 비슷한 사례는 우리나라 현대사에서도 일어났습니다. 1979년 10월 박정희 대통령의 서거 후 12·12 쿠데타가 일어났습니다. 당시에 신군부 측에서는 김포 주둔 1공수부대가 국방부를 장악하고자 한강 다리를 건너기 위해 출동했습니다. 한편 정부군 쪽에서는 그들을 막기 위해서 부평의 9공수부대를 투입하게 됩니다. 소위 1공수와 9공수가 서로 충돌할 일촉즉발의 상황에 처했는데요. 당시에 신군부 전두환 측에서 정부군 측에 전화를 걸었습니다. "서울 시내에서 서로 싸우게 되면 서울이 불바다가 되니 우리 서로 한발씩 물러납시다."

정부군에서는 신군부 측의 제안을 믿고 바로 9공수부대를 원대 복귀시켰습니다. 그러나 신군부 측 1공수부대는 바로 한강을 넘어 용산의 국방부를 점령하고 12·12 쿠데타를 성공시키고 정권을 장악하는 데 성공하게 됩니다.

누구나 12·12 쿠데타의 상황을 복기해 보면 '아니, 우리 정부군이 반란을 일으킨 신군부의 그 제안을 무턱대고 믿었단 말이야?'라는 참담한 생각이 들 수밖에 없습니다.

만일 정부군과 신군부 측이 교전했더라면 아마도 방어전 성격상, 장기전의 화력이 우수한 정부군이 우세했을 거라는 관측이 지배적입니다. 달리 반란 상황이 정상적으로 수습될 경우, 신군부 전두환 세력은 국가 내란죄로 모두 군사재판에 회부되었을 것입니다. 그러므로 진퇴양난의 궁지에 몰린 쿠데타 군의 제안을 믿은 그 순진한 정부군 지도자들의 판단력을 국민이 지적하고 나무라는 것이 무리는 아닐 듯합니다.

오늘날 중국 사회에서는 누군가 사기詐欺를 당하면 사기꾼을 욕하기보다 사기당한 사람을 바보라고 욕합니다. 사람이 사람을 속이는 것은 인지상정人之常情, 당연한 마음이라는 것입니다. 사기당한 사람이 주의를 게을리했으니 그 책임이 더 크다고 나무라는 겁니다.

이번에는 사람을 신뢰하는 데 있어 우리가 범하기 쉬운 실수, 특별히 주의해야 할 사항에는 어떤 것이 있는지 고전에서 살펴보겠습니다.

신뢰할 수 없는 사람의 기준
관중의 간신론과 구천

❖

《한비자》의 〈십과편〉을 보면 제나라 군주 환공이 중국 역사상 최고의 재상으로 손꼽히는 관중管仲에게 "내가 어떤 신하를 경계해야 하는가?" 하고 물었습니다. 그러자 관중이 대답합니다. "수조豎刁와 역아易牙, 개방開方 같은 사람은 절대 믿지 마십시오."

첫 번째 인물, 수조는 스스로 자기 몸을 거세하고 환관이 된 사람입니다. 환공은 자신의 몸을 돌보지 않을 정도의 충신이라 인정했으나, 관중은 수조가 자기 몸을 해할 정도이니 목적을 달성하기 위해 수단과 방법을 가리지 않을 간신이라고 주장하고 있습니다.

두 번째 인물, 역아는 환공이 이 세상의 모든 음식을 다 먹어보았는데 인육을 못 먹어봤다고 말하자 환공에게 아부하기 위하여 자신의 세 살 난 어린 아들을 인육 요리로 만들어 바쳤습니다. 역아의 모습에 환공은 감격했으나, 관중은 역아의 성품을 꿰뚫어보고 자식을 죽인 이가 더한 짓도 못 하겠느냐고 경계를 주장했습니다.

세 번째로 개방은 부모님이 죽어도 장례를 치르러 가지 않고 궁궐로 출근했던 사람입니다. 환공은 충신이라 칭찬했으나, 관중은 인간의 기본 도리인 효도를 모르는 인간이 진정한 충성을 할 수 있겠느냐고 지적했습니다.

관중의 충고에도 불구하고 환공은 그들을 믿고 곁에 두었다가 결국 수조, 역아, 개방 세 사람의 탐욕과 음모로 제나라는 추락의 길로 들어서게 되었습니다.

오늘날의 관점에서 이 세 사람을 한번 생각해 보십시오. 모두 일반 상식을 크게 벗어나는 행동을 한 사람들입니다. 평소의 처신이 지나치거나 부자연스러운 사람을 믿었을 때는 큰 근심이 생길 수 있습니다.

그 사람을 믿어야 할지 말아야 할지 고민될 때, 행실의 자연스러움 여부가 판단의 좋은 기준입니다.

《오월춘추》를 읽다 보면 자주 놀랄만한 사연을 발견합니다.

기원전 494년 회계산 전투에서 월왕 구천句踐이 오나라에 패하여 인질로 압송되었습니다. 4년이 지난 어느 날 오나라 왕 부차夫差가 병이 들었다는 소식을 접하고 궁궐로 찾아가 그를 알현했습니다. 그리고 구천은 자청해서 오왕의 대변을 손으로 집어 맛을 보고는 말합니다. "똥 맛과 냄새가 쌉싸름한 걸 보니 곧 병이 나으실 겁니다句踐聽夫差生病 夫差生大便 句踐用手味 味道臭而酸, 구천청부차생병 부차생대변 구천용수미 미도취이산."

구천의 진단처럼 며칠 후 오왕은 병이 낫자 크게 감동하여 구천을 풀어주고 고국 월나라로 돌려보냈습니다. 그는 귀국한 뒤

쓸개를 핥으며 17년간 복수의 칼날을 갈았고 마침내 기원전 473년 오왕 부차를 무찌르고 최후의 승자가 되었습니다.

그러나 승리의 일등공신인 범려는 월왕 곁에서 부귀영화를 누리지 않았습니다. 최측근인 그는 월왕 구천의 인성을 믿을 수 없었습니다. 왜냐하면 구천의 언행이 정상인의 자연스러운 범주를 한참 벗어났기 때문입니다. 바로 이것이 범려가 구천을 불신하고 토사구팽을 예상하며, 구천왕의 곁을 떠난 판단의 근거입니다.

잘못된 신뢰가 가져오는 아픔
체험담 사례

사업을 했던 제게는 무척 쓰라린 기억이 있습니다.

제가 IT 벤처 회사를 경영하던 중에 특허청으로부터 발명 특허를 받고 '특허기술대전'에 참가하여 동상銅賞을 수상하였습니다. 덕분에 다양한 우수 기업 대표들과 인사를 나눌 수 있었습니다.

그런데 영예의 대상大賞을 받은 바이오 전문 기업의 대표가 저를 찾아왔습니다. 그리고 우리 회사를 둘러본 뒤 자신이 운영하던 회사로 저를 초대했습니다.

그의 회사를 방문한 저에게 갑자기 그는 기업 경영을 맡아달라고 간절히 부탁했습니다. 자신은 전문 기술자 출신이라 조직 경영에는 소질이 없다면서, 공장에 내려가 생산 작업에만 전념하고 싶다고 본사 경영을 맡아달라는 겁니다. 그러고는 순수한 자신의 제안을 믿어달라는 말과 함께 자신이 보유한 회사 주식 51%를 제게 무상으로 양도하는 계약서를 제시하였습니다.

그러나 바이오 분야 경험이 일천한 저로서는 감당할 자신이 없어 무상 주식과 대표이사직은 사양했습니다. 다만 그의 착한 마음씨에 반해 기업 경영에 필요한 자금을 수시로 빌려주었습니다.

세월이 흘러 그가 그리 훌륭한 인품의 소유자가 아니라는 걸 알았을 즈음, 공장 제품 생산에도 문제가 생겨 결국 그는 미국으로 도주하였고 그 회사는 문을 닫게 되었습니다. 저는 그를 순수한 사람이라 믿은 잘못된 판단으로 인해 당시 수억 원을 차용해 주었습니다. 현재는 제 책상 서랍장 속에 돈을 빌려준 차용증과 법원에서 판결 받은 승소 서류만이 덩그러니 남아있습니다.

관중은 인간의 자연스럽지 못한 언행에는 대체로 신뢰할 수 없는 문제점이 숨어있다고 지적했습니다. 관중의 '인간 감별 기준'을 그때 당시 제가 알았더라면 이런 엄청난 손실은 막을 수 있었을 텐데 안타까운 마음을 금할 길이 없습니다.

흔히 열 길 물속은 알아도 한 길 사람 속은 모른다고 합니다.

그러니 어떤 감感이나 느낌으로 상대를 쉽게 속단해서 믿는 우愚를 범하지 말아야 하겠습니다.

우리는 사람을 파악하는 데 충분한 숙고熟考의 시간을 가질 필요가 있습니다.

인간 검증의 필요성 '불비불명'
초장왕과 오거의 대화

✦

《여씨춘추》의 〈중언편〉에 보면 춘추시대 초나라의 장왕莊王의 일화가 있습니다. 그는 젊은 나이에 왕이 되었지만 국가를 제대로 돌보지 않았습니다. 매일 술을 마시고 궁녀들과 춤을 추고 놀았지요. 어느 날 오거五擧이라는 신하가 찾아왔습니다. "왕이시여, 궁궐 안에 3년 동안 날지도, 울지도 않는 새가 있는데 혹시 어떤 새인지 아십니까?" 그러자 왕이 대답했습니다. "일명경인一鳴驚人, 그 새는 한번 울게 되면 모든 사람이 깜짝 놀랄 것이다."

왕의 이 대답은 무슨 의미였을까요? '내가 생각이 있어서 지금 울고 있지 않다. 때가 되면 큰 울음소리를 내리라.' 그는 3년 동안 술 먹고 놀면서 누가 진정한 충신인지 누가 간신인지를 구별하고 있었던 겁니다.

우리나라의 왕 중에도 이와 비슷한 예가 있었는데요. 고려 시대 광종은 왕이 되고 나서 7년 동안 이렇게 신하들을 구별하였다고 합니다. 초장왕이나 고려의 광종은 때를 기다리며, 누구를 신뢰해야 할지 주변 사람들을 조용히 평가하고 있었던 것입니다.

만약 우리에게 상대를 평가할 만큼 충분한 시간이 주어지지 못한다면 어떻게 하면 좋을까요?

인성을 테스트하는 방법
협지법과 조지 워싱턴의 견해

《한비자》에는 '사람의 마음을 읽는 특수한 방법'이 있습니다. 알면서 모른 체하여 상대를 시험하는 협지법挾智法이 바로 그것입니다.

중국 전국시대 한韓나라 소후昭侯는 거짓말하는 신하를 가려내기 위해 손톱을 깎은 후 신하들을 불러 모았습니다. 그는 9개의 손톱을 보여주며 "내가 손톱을 깎았는데 하나가 없어졌다. 손톱이 없어지면 불길한 징조라고 하니 어서 없어진 손톱을 찾아오도록 하여라."

신하들이 주변을 샅샅이 찾았지만 소후가 겨드랑이에 숨긴 손톱을 찾을 수는 없었습니다. 그런데 갑자기 한 신하가 몰래 자신의 손톱을 잘라 소후의 잃어버린 손톱을 자신이 찾았다고 달려

옵니다. 소후는 겨드랑이에 손톱을 숨기는 지혜를 발휘하여 협지법으로 간교한 신하를 찾아낼 수 있었습니다.

미국의 초대 대통령 조지 워싱턴은 어떤 사람과 가까워지고 신뢰하기 전에 그 사람을 먼저 잘 시험해 보라 했습니다. 협지법과 비슷한 맥락입니다.

여러분은 자신이 가장 잘 아는 내용의 지식을 통해 그를 테스트할 수 있는 대화 소재를 탐구해 보시기 바랍니다.

"하늘 아래 머리 검은 털 난 짐승은 배신하니까 믿지 말라."라는 풍자마저 있습니다.

우리 격언에 보면 "인간의 근심은 사람을 믿는 데서 비롯된다."라고 합니다. 사람을 잘못 믿어서 정말 큰일을 당한 분들이 우리 주변에 너무나 많습니다.

또한, 누구나 열심히만 살되 사람에 속지만 않는다면 어느 정도까지는 다 성공한다고 합니다. 그래서 실패한 사람들을 보면 누군가를 잘못 믿어서 실패에 이르게 되는 경우가 많다는 것도 우리가 꼭 명심해야겠습니다.

유럽에 전해 내려오는 유명한 속담 가운데에서는 "친구보다는 적에게 피해를 보는 게 낫다."라는 말이 있습니다. 이 말은 적에게 피해를 보라는 뜻이 아니라 가까운 이들을 더 조심하고 그들에게 속지 말라는 의미입니다.

사람에 대한 믿음은 상대에 따라 또 상황에 따라 우리의 처신은 달라져야 합니다. 여러분에게 유가와 법가의 철학을 5:5로 수용하라고 말하고 싶습니다.

현실적 문제 앞에선 '반신반의半信半疑, 반만 믿고 반은 믿지 말라.'라고 권유 드리고 싶습니다. 설혹 상대를 믿더라도 우리 마음 한구석에 의심 한 자락은 현명하게 품고 있자고 말하고 싶습니다. 우리 주변에는 믿을만한 사람이라고 끝까지 믿었다가 크게 낭패를 보는 경우가 너무나 많으니까요.

여러분이 앞서 보신 어떤 유명 가수와 방송인의 입장이라면 돈 관리를 어떻게 해야 할까요? 우리는 더욱 지혜롭게 처신해야 합니다. 가족들에게 돈 관리를 맡겼다고, 무조건 믿기만 하고 가만히 있을 게 아니라, 자신의 노력에 더욱 동기부여를 받고 싶다는 명분으로 수시로 입금 통장을 확인한다면 큰 금전 사고는 예방될 것입니다.

우리는 상대를 신뢰하거나 불신하기에 앞서 '그의 인성이나 처한 상황'을 먼저 정확히 식별할 필요가 있습니다.

혹시 사람에 대한 판단이 중간에서 결론이 나지 않을 땐 항상 보수적으로 결정하여야 합니다. 왜냐하면 설령 큰 기회를 놓치는 한이 있더라도 리스크, 즉 큰 실패는 막아야 합니다. 손자병법의 백전불태百戰不殆의 격언처럼 내 삶이 위태롭지 않는 게 훨씬 더 중요하기 때문입니다.

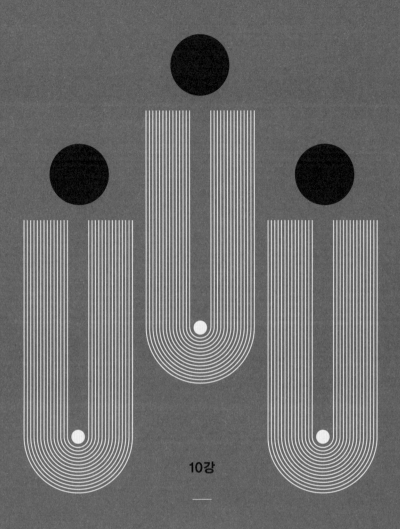

10강

—

남의 말,
반드시 경청해야 하나요?
● 경청의 지혜 ●

"이름도 쓸 줄 모르는 당신은
주변에는 학교도 없고 스승도 없는데
어떻게 그토록 뛰어난 성과를
낼 수 있었는가?"
"나를 가르친 것은 바로 이 귀耳다.
내 생각엔 부하들의 말을
귀담아들었기 때문에
큰 성공을 거두게 된 것 같다."
_ 칭기즈칸

　우리는 가정이나 학교, 사회교육에서 남의 말을 경청傾聽해야
한다고 귀에 못이 박히도록 들어왔습니다. 여러분은 남의 말을
얼마만큼 경청하는 편입니까?

　상대방의 말에 귀를 기울여서 열심히 듣는 것을 우리는 경청傾,
기울일 경 聽, 들을 청이라고 말합니다. 그런데 오늘날에는 경청이란 좋
은 뜻으로 사용되고 있지만 본디 그렇지는 않았습니다.

　주周나라 때 예禮에 관한 경전인 《예기禮記》를 보면, 어린이가 경
청하는 것은 금기禁忌로 꼽혔습니다. 왜냐면 어른이 말씀하시는데
머리를 비스듬히 기울여 듣는 모양이 좋아 보일 리 없기 때문입
니다. 게다가 성인끼리 대화에서도 귓속말로 속삭이거나 남의 말
을 엿들을 때는 귀를 기울여야 했으므로 경청이 좋은 뜻으로 사

용될 리 없었습니다.

그러나 역사가 흘러가며 세상사를 지켜보니 인간들은 사회생활에서 자아가 강하여 남의 말을 잘 수용하지 않고 자기 주관이나 아집대로 행하여 인생사 결과가 잘못되는 사례가 너무 많이 발생했습니다. 그래서 《예기》의 어원 본뜻과 달리 현대 생활에서 우리는 어릴 적부터 가정이나 학교에서 '남의 말을 경청'하라는 고언苦言을 수도 없이 듣고 자랐습니다.

최고 정복자의 성공 지혜
칭기즈칸의 고백

❈

세계 역사상 가장 넓은 영토를 점령한 칭기즈칸에게 "이름도 쓸 줄 모르는 당신은 주변에는 학교도 없고 스승도 없는데 어떻게 그토록 뛰어난 성과를 낼 수 있었는가?"라고 물었더니 칭기즈칸이 말했습니다. "나를 가르친 것은 바로 이 귀耳다. 내 생각엔 부하들의 말을 귀담아들었기 때문에 큰 성공을 거두게 된 것 같다."

이처럼 경청은 실로 중요한 성공의 요인이 아닐 수 없습니다.

미국 최장수 토크쇼 진행자의 노하우
래리 킹의 비결

✥

미국 CNN 라이브 토크쇼 진행자 래리 킹Larry King은 25년간 토크쇼를 진행한 최장수 앵커로 이름을 날렸습니다. 그는 미국의 대통령을 비롯하여 무려 25,000명이나 인터뷰를 했다고 합니다. "나는 사실 인터뷰를 해서 그 사람에게 특별한 질문을 던진 게 아니라 항상 그 사람의 말을 귀 기울여 듣다 보니 어느새 세계 최장수 진행자로 달인이 된 것 같다."라고 말했습니다.

동서고금을 막론하고 경청은 인생의 결정적 요소라는 걸 부인하기는 어렵습니다.

그럼 역사와 고전에서 경청의 성공 사례를 먼저 만나 볼까요?

신하의 말을 경청한 군주
제환공과 포숙의 건의

✥

춘추시대 제나라의 양공襄公에게는 여러 명의 동생이 있었습니다. 둘째 규糾와 막내 소백小白이 양공의 지위를 계승하고자 경쟁을 하고 있었습니다. 둘째 규에게는 관중이라고 하는 참모가 있었고, 막내 소백에게는 포숙이라고 하는 참모가 돕고 있었습니다. 어느 날 관중은 소백을 암살하고자 화살을 쏘았고, 그 화살은 소백의 허리띠 쇠장식을 맞혔습니다. 소백은 일부러 죽은 척 연기하고 주변을 속인 후 먼저 궁궐에 도착하여 즉위식을 하고 환공桓公이 되었습니다.

《사기》의 〈세가편〉을 읽어보면 '환공은 군주로 즉위하고 나서 자신을 저격한 관중을 반드시 죽여버리겠다고 마음먹고 있었습니다桓公之立 心欲殺管仲, 환공지립 심욕살관중.' 그런데 이때 그의 참모 포숙이 말했습니다. "천하를 제패하려면 관중이 꼭 필요합니다. 나도 똑똑하지만 당신이 우리나라뿐만 아니라 이웃 나라까지 점령하려면 당신을 죽이려고 했던 바로 그 관중을 꼭 기용해야 합니다." 환공은 포숙의 말을 경청하고 자신을 암살하려던 관중을 대부로 삼았습니다. 관중은 40년 동안 환공을 열심히 보좌하였고 그 덕분에 제나라는 중국 춘추시대 최초의 패권 국가가 될 수 있었습니다.

그렇다면 이번에는 상대 말을 경청하지 않아서 쓴맛을 본 사례를 보겠습니다.

충신의 간언을 무시한 군주
오왕 부차와 오자서

춘추시대 말기 충신 오자서伍子胥는 오나라 합려闔閭왕 때부터 참모로 활약했으며 그의 아들 부차夫差가 왕위를 승계하자 마찬가지로 그를 섬겼습니다. 사마천의 《사기》에 보면, 기원전 484년 부차가 중원의 강국 제나라를 쳐들어가려고 하자 이에 오자서가 반대를 합니다. "제나라를 공격하시지 말고 먼저 아래쪽에 있는 월나라를 공격하십시오." 하지만 부차는 그 말을 듣지 않고 제나라를 쳐들어가서 1차전에 승리했습니다. "거봐라. 나는 어느 나라든 상관없이 다 이길 자신 있다." 이렇게 큰소리를 쳤습니다.

하지만 오자서가 말했습니다. "만약에 제 말을 끝까지 안 들으시고 제나라를 계속 공격하신다면 장차 크게 후회하게 될 겁니다若不然 後將悔之無及, 약불연 후장회지무급." 부차는 오자서의 건의를 듣기 싫어했습니다吳王不聽 오왕불청. 경청하기는커녕 오히려 그에게 선물 상자를 하나 보냈습니다. 오자서가 상자를 열어보니 검이 하나 들어있었습니다. 무슨 뜻이었을까요? '넌 내 마음에 들지 않으니까 이 검으로 자결하라.' 오자서는 결국 부차의 뜻에 따라 비참한 최후를 마쳤습니다.

세월이 흘러 기원전 473년 부차는 오자서의 예언처럼 월나라 구천에게 패배했습니다. 그는 월왕 구천에게 소원을 청했습니다. "나에게 수건을 하나 주시오." 그리고 그는 눈을 가리고 말합니다. "내가 저승에 가서 오자서를 볼 낯이 없구나." 라고 외치며 그는 자신이 쥐고 있던 칼로 자결하고 말았습니다.

오왕 부차가 충신 오자서의 말을 경청했더라면 그는 중원의 리더로서 오랫동안 집권할 수 있었을 것입니다.

그렇다면 과연 우리가 배운 대로 경청하면 무조건 성공하고, 경청하지 않으면 반드시 실패하는 결과를 낳을까요? 이번에는 반대 사례들을 찾아보겠습니다.

왕의 총애와 여인들의 암투
초회왕과 정수

《한비자》의 〈내저설 하편〉에 보면 중국 전국시대 때 남쪽 초나라 회왕懷王에게는 그가 총애하는 애첩 정수鄭袖라는 여인이 있었습니다. 그런데 궁궐에 어느 날 더 젊고 아름다운 궁녀가 새로 들어와 왕의 총애를 받게 되었습니다.

정수는 그 새로운 궁녀를 시기하거나 질투하지 않고, 오히려 자신의 옷과 장식품을 선물로 주었습니다. "나도 어린 나이에 궁궐에 와서 고생을 많이 하였는데 마치 내 모습을 보는 것 같아 너에게 마음이 쓰이는구나." 어린 궁녀는 정수의 다정함이 정말 고마워서 친언니처럼 잘 따랐다고 합니다.

그러던 어느 날 정수가 궁녀에게 말했습니다. "왕을 만났더니 너는 예뻐서 참 좋은데 한 가지 아쉬운 점이 있다고 하더라."그게 뭔데요?""너는 유독 코가 좀 못생겨서 코를 볼 때마다 애정이 조금 식는다고 해.""언니, 제가 어떻게 하면 좋을까요? 무슨 좋은 방법이 없을까요?""네가 왕을 만나러 갈 때 손으로 살짝 코를 가리면 좋을 것 같구나."

그래서 그녀는 회왕을 만날 때마다 손으로 살짝 코를 가렸는데요. 정수는 어느 날 회왕에게 말했습니다. "왕이시여. 새로 온 궁녀가 말하기를 왕 옆에 가면 냄새가 나서 도저히 참을 수가 없다고 합니다. 혹시 알고 계셨습니까?"

왕은 속으로 생각했습니다. '아, 그래서 내 옆에 올 때마다 손으로 코를 가리는구나.' 회왕은 마음이 크게 상해서 젊은 궁녀의 코를 자르고 내쫓아 버렸습니다.

생각건대 미인 궁녀는 정수의 말을 경청한 결과 인생의 큰 낭패를 맛보았고요. 회왕은 정수의 말을 경청하여 사랑스러운 궁녀 하나를 잃게 된 것이죠. 사람의 말을 이렇게 잘못 경청하면 어처구니없는 결과를 낳기도 합니다.

세상사에는 경청과 비경청으로 성공과 실패로 귀결된 일이 많습니다. 그렇다면 상대의 말을 경청하지 않아서 성공한 사례는 있을까요?

주변의 만류를 듣지 않은 위기 극복

유비와 적로마 사건

❈

《삼국지》에 나오는 명마名馬 중에는 적로마的盧馬가 있습니다. 적로마는 눈 밑에 눈물주머니가 있고 이마에 흰 점이 있어 적로마라고 합니다. 유비가 신야성에 거주하고 있을 당시 아군이 도적을 토벌하다가 이 적로마를 얻어 유비에게 선물로 바쳤습니다.

그런데 안타깝게도 석로마는 주인을 한 번은 해害한다는 이야기가 전해져 오고 있었습니다. 그러니 유비의 참모들이 세차게 건의합니다. "적로마를 타지 마십시오. 꼭 타고 싶다면 누군가에게 다시 선물했다가 그 사람이 낙상사落傷死로 죽고 나면 그때 이 말을 다시 차지하십시오."

하지만 유비가 말합니다. "사람이 그래서야 되겠느냐. 내가 다치는 한이 있더라도 이 말을 직접 타겠다."

실제로 유비는 그 적로마를 타고 다니다가 양양성에서 어느 날 적에게 죽임을 당할 위기에 처합니다. 그때 이 적로마가 유비를 태우고 강물로 뛰어들어서 그의 목숨을 구해주었습니다. 적로마가 주인을 해하기는커녕 오히려 유비를 구사일생으로 살려준 것입니다. 만약 유비가 주변 사람들의 건의를 경청하고 적로마 대신 다른 말로 바꿔 탔다면 그 위기에서 목숨을 잃었을 것

마음 ＼ 결과	성공成功	실패失敗
경청傾聽	제나라 환공桓公과 포숙鮑叔의 건의	초나라 회왕懷王과 애첩 정수鄭袖
불청不聽	유비劉備와 적로마的盧馬 선물	부차夫差와 오자서伍子胥의 건의

입니다.

유비는 주변 사람들의 말을 경청하고 따르기보다는 자기 소신 껏 행동함으로써 오히려 죽음의 위기를 결과적으로 극복한 셈입 니다.

우리는 도대체 어떨 때 경청하고 어떨 때 불청을 해야 하는 걸 까요? 여러 사례만으로는 도저히 답을 내리기가 힘듭니다.

우리는 '말하는 사람과 주어진 상황'에 따라 경청과 불청을 잘 결정해야 합니다.

일단 우리는 간사한 사람, 음흉한 사람을 식별할 줄 알아야 합 니다. 중국 《송사宋史》에 '대간사충大姦似忠'이라는 말이 있습니다. '큰 간사함은 마치 충성처럼 보인다.'라는 의미인데, 송나라 6대 황제 신종神宗 때 여회呂誨가 한 명언입니다. 정말 간사한 사람은 머리가 남다르고 언사가 교묘하여 왕이 충신으로 느끼기 쉽습니다.

그렇다면 충신忠臣의 반대말은 무엇일까요? 대부분 간신姦臣이라고 생각하지만 충신의 반대말은 바로 역신逆臣입니다. 역신은 군주를 해하려는 신하입니다.

그런데 간신은 오히려 충신에 속합니다. 간신은 자신의 이익을 위해 군주에게 최선을 다하는 일종의 충신입니다. 군주가 잘돼야 자신도 좋으니까 늘 충성을 다합니다.

간신과 진정한 충신인 양신良臣과의 차이점은 자신의 손해를 무릅쓰지 않을 뿐, 군주 입장에서는 분명히 충신에 속합니다. 역사상 수많은 왕이 간신을 곁에 둔 이유입니다.

간신의 '대간사충'이 가져온 비극

초평왕과 태자비

초나라의 평왕平王이 태자비太子妃를 찾기 위해 진나라로 비무기費無忌를 사신으로 보냈습니다. 그는 진나라 미녀를 데리고 돌아와 심각한 표정으로 왕에게 이야기합니다.

"왕이시여, 저 여성은 미모가 너무 뛰어납니다. 천하의 최고 영웅에게나 어울릴만한 미색이라 태자에게는 어울리지 않습니다."

"그럼 어찌하란 말인가?" "제 소견으론 천하의 영웅이신 왕께서 그녀를 후궁으로 삼으시지요." "그럼 태자비는 어떡하느냐?" "제가 다시 이웃 제나라에 가서 적합한 태자비감을 찾아오면 되지 않을까요?"

가만히 듣고 보니 비무기의 의견도 그럴듯하여 평왕은 진나라 미녀를 자신의 후궁으로 삼았습니다. 그런데 비무기는 장차 태자가 왕으로 즉위하면 받게 될 보복이 두려워 태자를 모함해 변방으로 쫓아내고 반란죄를 씌워 죽게 했습니다.

비무기는 자신이 평왕의 애정을 받기 위해 충성을 다했지만, 평왕의 입장에서는 불필요한 경청이 국가와 개인의 불행을 초래하는 원인이 되고 말았습니다.

《논어》의 〈안연편〉에 보면 공자는 제자 안연에게 "예의에 맞지 않으면 보지도 말고 듣지도 말라非禮勿視 非禮勿聽, 비례물시 비례물청."라고 가르쳤습니다.

우리도 남의 의견 중 '예의'나 '사리'에 맞지 않는 말을 끝까지 듣다 보면 어느새 혹할 수도 있으니 특별히 주의할 필요가 있습니다.

먼저 우리는 상대방이 그런 말을 하는 '이유와 목적'을 정확히 통찰할 줄 알아야 합니다.

이처럼 상대를 대하는 우리의 태도에는 불청도 경청만큼이나 중요합니다. 그런데도 우리 사회는 왜 우리에게 그토록 경청만을 강조하는 것일까요?

바로 우리의 자아自我 때문입니다. 우리의 에고ego는 싫은 소리를 거부하는 본능이 있습니다. 이것이 바로 경청을 강조하게 된 원인입니다.

그 대표적 사례를 《초한지》에서 함께 만나보겠습니다.

참모의 충고를 들은 리더의 반응
항우와 유방의 명암

✼

역시 사마천의 《사기》 〈유후세가留侯世家〉의 기록입니다.

기원전 209년 유방과 항우가 봉기군의 지도자가 되어서 각기 진나라 수도 시안으로 진격을 하게 되었습니다. 왜냐하면 그 당시 쉬저우에 본부를 두고 있던 초나라 출신 회왕懷王이 시안을 차지한 사람에게 상을 내리겠다고 하여, 두 군대는 당시 진시황이 이룩한 통일 제국의 수도 시안으로 돌격한 것입니다.

둘 중 유방이 먼저 수도 시안으로 입성하였습니다. 진시황제가 건립한 궁궐에 들어가 보니까 금은보화와 수천 명의 궁녀가 유방의 넋을 놓게 했습니다. 유방은 아름다운 미녀들이 있는 궁궐에서 하룻밤 묵고 가겠다고 부하들에게 선언합니다. 이때 장수 번쾌가 나서 만류했으나 유방은 그 간청을 듣지 않았습니다.

이때 유명한 책사 장량이 나서서 유방에게 이야기합니다.

"좋은 약은 입에 쓰지만 병에는 이롭고, 충언은 귀에 거슬리지만 행동에는 이로운 법입니다良藥苦口 利於病 忠言逆耳 利於行, 양약고구 이어병 충언역이 이어행."

유방은 장량의 충고를 듣고 나서 정신을 차리고 다시 궁궐 외부에 있던 야영지로 돌아갔습니다.

한편 항우는 유방이 먼저 시안으로 들어갔다는 소식을 접한 후 단숨에 관중 평원의 홍문에 진을 쳤습니다. 이때 범증이 이야기합니다. "유방이 시안에 들어갔는데 아리따운 여인들을 가까이하지 않았습니다. 그것을 보니 뜻하는 바가 작은 데 있지 않습니다. 서둘러 그를 공격해서 때를 놓치지 말고 그를 처단해야 합니다婦女無所幸 此其志不在小 急擊勿失, 부녀무소행 차기지부재소 급격물실."

그러나 그는 유방을 만만하게 생각하고 범증의 건의를 가벼이 들은 체 말없이 무시해 버렸습니다默然不應, 묵연불응. 항우는 범증의 이 건의를 경청하지 않음으로써 유방을 죽일 수 있는 첫 번째 기회를 놓쳤습니다. 훗날에도 충성스러운 신하 범증의 충고를 경청하지 않음으로써 천하의 패권霸權을 결국 유방에게 넘겨주고 말았습니다.

유방과 항우, 이 두 영웅을 경청이란 주제로 살펴볼 때 유방은 열린 인물이었고 항우는 닫힌 사람이었습니다. 항우처럼 남의 얘기를 불청, 잘 듣지 않는 사람은 어떤 사람일까요? 거만하고 교만한 사람들이 보통 불청을 합니다. 왜냐면 자기 자아인 '에고'가 강하기 때문입니다. 그래서 항상 자기의 판단이 옳다고 생각합니다.

우리도 유방처럼 아집我執을 멀리하고 자기부정自己否定을 할 줄 아는 사람이 되어야 하겠습니다.

가치 높은 조언과 경청의 지혜

우구와 후궁 번희

❀

《사기》〈동주열전〉에 보면 춘추시대 초나라의 장왕莊王에게 우구虞丘라는 신하가 있었습니다. 왕은 그와 함께 밤늦은 시각까지 정사를 논하다가 침소로 돌아오곤 하였는데 후궁 번희樊姬가 물었습니다. "오늘은 왜 늦으셨습니까?" "우구와 이야기를 나누다 왔소." "어젯밤도 그와 대화를 나누시지 않으셨습니까?" "신하 우구와 밤늦게까지 일하며 그와 대화하는 게 즐겁소."

그러자 번희가 말합니다. "우리 초나라에는 뛰어난 선비들이 무궁하게 많이 있습니다. 그런데 한 남자의 지혜는 유한하지 않겠습니까楚國之士無窮 夫一之智有限, 초국지사무궁 부일지지유한."

이 말을 들은 초장왕은 슬며시 놀랐습니다. '그래, 내가 요즘 너무 우구의 말만 치우치게 듣고 있구나.' 그리하여 용기와 지혜가 뛰어난 손숙오孫叔敖라는 명신을 발탁하게 되었고, 장차 손숙오는 장왕이 춘추 제3패권을 이루는 데 디딤돌이 되었습니다.

초 장왕은 열린 마인드로 후궁 번희의 충고를 경청함으로써 균형 잡힌 명군明君으로 거듭날 수 있었다는 교훈입니다.

경청과 불청 사이에서의 슬기로운 판단
허청의 지혜

❀

저도 회사를 창업한 후에 처음에는 직원의 수가 적어서 그들의 말에 귀 기울이며 소통하고 경영했지만 직원 수가 100여 명까지 늘어나자 일일이 직원들을 상대할 수가 없어서 결국 회사 임원 몇몇과 직접 대면하면서 회사를 경영하게 되었습니다.

평소 벤처 창업자로서 저는 밤낮없이 일하느라 자정을 넘겨 퇴근하는 게 일상사였습니다. 그러던 어느 날 새로 들어온 임원 한 사람이 거의 매일 저와 함께 야근하면서 이런저런 회사 내 현황을 들려줬습니다. 저는 이 임원의 조언이 고마워서 그의 이야기를 열심히 듣고 참고해서 회사를 운영하였는데요, 이상하게도 그의 말을 경청한 결과는 별로 좋지 못하였습니다.

그래서 회사의 전후좌우를 주의 깊게 살펴보았습니다. 그가 조직을 위해 헌신하는 마인드도 분명히 있어 야간 근무를 스스로 선택했지만, 그의 내면에는 우구처럼 중용 받고 싶은 욕심이 더 큰 사람이었습니다. 그러니 저에게 전달한 회사 경쟁자들에 대한 정보는 다소 왜곡된 경우가 많았던 것입니다. 기업에서 이런 사람이 중용되거나 승진할수록 조직의 단합에는 균열이 갑니다.

여러분 주변에 충성스러운 부하 직원일수록 '비무기'나 '우구'가 아닌지 잘 살피고 정확히 식별하시기 바랍니다. 그리고 가끔은 내가 경험이 많다고 하여 나의 식견만 믿지 말고, 아래 직원과 소통하고 그들의 의견도 들어보시기 바랍니다. 사실 위에서 내려다보는 입장인 리더보다도 현장에서 함께 일하는 동료들이 구성원 개개인을 훨씬 잘 볼 수 있기 때문입니다.

낯선 사람에게서 전화가 옵니다. "좋은 땅 투자 정보를 알려드리겠습니다." 그 얘기 경청하면 어떻게 됩니까? 패가망신합니다. 그렇게 큰돈 벌 수 있으면 자기가 독점하지, 왜 우리에게 좋은 정보를 주겠습니까?
우리 주변에는 남의 말을 너무 잘 들어서 낭패를 보는 사람들이 의외로 많습니다.

《논어》의 〈선진편〉에 보면 공자께서 제자 염유冉有에게는 "들었을 때 바로 실행하라"고 가르쳤고, 자로子路에게는 "부형父兄과 의논해서 행하라"라고 달리 가르쳤습니다. 이에 공자의 제자 공서적公西赤이 상반된 말씀에 이의를 제기하자, 공자께서는 "염유는 항상 물러나기 때문에 그를 격려한 것이고, 자로는 용기가 넘치므로 그를 자제시킨 것이다."라고 대답하셨습니다.

남의 말을 참 잘 듣는 사람, 즉 우리가 귀가 얇다고 하는 사람들은 평소에 남의 말을 경청하면 안 됩니다. 만일 여러분 스스로 진단하건대 귀가 얇은 편이라면 부디 귀를 반쯤 닫으시기 바랍니다.

여러분들이 저에게 상대의 말을 듣는 최고의 지혜를 물으신다면, 남의 이야기를 들을 때에는 경청도 불청도 아닌, 먼저 허청虛聽을 하라고 조언 드리고 싶습니다. 허청이란 마음을 비우고 듣는다는 뜻입니다.

경청과 불청을 잠시 내려놓고 중립적인 마음으로 가만히 듣기를 권합니다. 너무 귀담아듣지도 말고 너무 거절하지도 말고 허한 마음으로 남의 얘기를 조심스레 들어보고 내용과 정보를 잘 식별하는 게 중요합니다. 그리고 나서 상대의 말에 일리가 있으면 그 말을 수용하고 아니면 단호히 거절하는 게 실패를 줄이는 슬기로운 생활이 될 것입니다.

11강

———

싸울 일이 생기면
어떻게 해결하세요?

● 승리의 지혜 ●

"백 번 싸워서 백 번 이기는 것은
최선이 아니다 百戰百勝 非善之善者也.
상대와 싸우지 않고 굴복시키는 게
최선이다 不戰而屈人之兵 善之善者也."
_《손자병법》

살다 보면 아무리 주의하려 해도 어쩔 수 없이 누군가와 갈등하는 일이 생기게 되고, 때로는 더 나아가 싸움으로까지 번지는 일도 종종 생깁니다.

부부 싸움처럼 가족 간에 다툼이 생기는가 하면, 이웃들과 주차 문제나 층간 소음 문제로 싸우기도 하고, 심지어 친한 친구나 동료 간에도 다시는 안 볼 사람처럼 대판大板 싸우기도 합니다.

가능하면 양보해서 싸움을 피하고 싶지만 그게 말처럼 쉽지만은 않습니다. 때로는 물러서자니 자존심이 상하기도 하고, 유약한 사람으로 비칠까 신경이 쓰이기도 합니다.

조나라 재상과 대장군의 갈등
인상여와 염파의 대결

❈

중국 전국시대 조나라 혜문왕惠文王에게는 인상여藺相如라는 현신賢臣이 있었습니다. 그가 강대국 진秦나라를 방문해서 외교에 혁혁한 공을 세우자 왕으로부터 상경上卿이라는 가장 높은 벼슬을 받았습니다.

사마천의《사기》에 보면 '인상여가 최고직 벼슬로 중용되자 이를 지켜보던 대장군 염파廉頗가 "내가 인상여를 만나면 반드시 모욕을 주리라藺相如爲上卿 廉頗曰必辱之, 인상여위상경 염파왈필욕지."라고 말하였습니다.'

염파는 전쟁에서 공을 아주 많이 세웠고 자신이 나이도 많은데, 젊은 인상여가 진나라와 외교를 한번 잘했다고 자기보다 높은 지위에 올라간 것이 못마땅하였던 것입니다.

이 사실을 알게 된 인상여는 염파와 부딪히지 않기 위해 병을 칭하고 궁궐 회의에 군이 참석하지 않았습니다. 하루는 볼일이 있어 시내에 나갔는데 저 멀리서 염파 장군의 마차가 오고 있었습니다. 인상여는 마부에게 급히 돌아가자고 명하고는 곧장 집으로 왔습니다.

그때 마부가 속상해서 인상여에게 묻습니다. "당신은 대장군보다 높은 상경의 자리에 있으면서 왜 염파의 마차를 겁내는 겁니까?" 그러자 인상여가 말합니다. "내가 겁내는 것은 염파가 아니다. 너는 내가 목숨 걸고 진나라 왕을 만나러 가는 게 무서울 거 같으냐, 염파 장군 만나는 게 두려울 거 같으냐?" "그야 목숨 걸고 적국에 외교 하러 가는 게 당연히 더 무섭겠지요?" "나는 자청해서 목숨 걸고 적국에 다녀온 사람이다. 나는 오직 문신의 대표인 나와 무신의 대표인 염파 장군 사이에 분란이 일어나면 바로 이웃 나라인 진나라가 쳐들어올까 신경이 쓰여서 그런 것일 뿐이다." 이 말을 듣고 마부는 염파 장군의 마부를 만나서 자랑을 했습니다. "그날 우리가 염파 장군을 피한 것은 모욕당할 게 무서워서가 아니야. 나라의 안위를 걱정하는 깊은 속뜻이 있었다네."

염파가 마부로부터 이 사실을 전해 듣고 자신의 잘못을 깨우쳐 '가시나무를 등에 지고 가서 자신을 때려달라負荊請罪, 부형청죄.'며 인상여 집을 찾아갑니다. 인상여는 그런 염파를 달려 나가 맞이하였고, 서로를 위해 목숨을 내어줄 수 있을 정도로 돈독한 사이가 되었습니다. 여기서 탄생한 고사성어가 '문경지교刎頸之交, 목을 벨 수 있는 벗'입니다.

이처럼 인상여는 자신을 못마땅해하는 염파와 다투기보다는 오히려 피함으로써 염파의 마음을 얻게 되었습니다.

《손자병법》의 승리 핵심과 승부의 요건

부전굴인의 지혜

❖

지금으로부터 약 2500년 전에 만들어진 《손자병법》은 우리에게 상대와의 싸움에서 이기는 전략을 알려주고 있습니다. 〈모공편謀攻篇〉을 펼쳐 보면 "백 번 싸워서 백 번 이기는 것은 최선이 아니다百戰百勝 非善之善者也, 백전백승 비선지선자야."라고 이야기하고 있습니다.

그럼 무엇이 최선일까요? "상대와 싸우지 않고 굴복시키는 게 최선이다不戰而屈人之兵 善之善者也, 부전이굴인지병 선지선자야."라고 말하고 있습니다. 다시 말하면 싸워서 이기는 것보다 싸우지 않고 이기는 방법을 찾아내는 사람이 진정한 승자라는 것입니다.

따라서 《손자병법》에서 배워야 할 최고의 지혜를 한 단어로 압축한다면 '부전이승不戰而勝'입니다. 상대가 누구든지 다투지 말고, 승리하는 것이 진정 현명한 승자가 되는 길입니다.

그렇다면 가능한 한 우리가 상대와 싸우지 않고 이기기 위해서는 어떻게 해야 할까요? 동양의 인문학 명고전들을 두루 살펴보면, 승부를 좌우하는 요소에는 크게 세 가지가 있습니다.

첫 번째는 천天, 하늘입니다. 시간적 요소인 기후나 타이밍입니다.

두 번째는 지地, 땅입니다. 공간적 옵션이나 주어진 환경이 이에 속하게 되겠습니다.

세 번째가 인人, 곧 사람인데요. 나와 상대방, 주변인 등 모든 인적 요소를 포함합니다.

요약하자면 '천지인天地人' 즉 시간, 공간, 인간이라는 3간三間이 승부를 결정하는 삼대 요소인데요, 상대보다 시간적, 공간적으로 유리한 국면을 점유하거나 인간 심리를 잘 활용한다면 싸우지 않고 이길 수 있다는 것을 이론적으로 알 수 있습니다.

지금부터는 승부를 결정짓는 천지인 세 가지 요소에 관한 승리 사례를 차례대로 살펴보겠습니다.

천시를 활용한 초나라의 승리

장량의 명작전

송나라 사마광의 《자치통감》 제2화를 바탕으로 초한쟁패楚漢爭霸의 사례를 재구성해 보겠습니다.

기원전 202년 가을 한나라의 유방이 마침내 해하垓下, 안휘성 영벽현에서 한신, 팽월, 영포 장군과 함께 항우 군대를 모두 포위했습니다. 그러나 항우는 군대를 일으켜 8년간 70여 차례 전투를 치렀지만 패배를 모르는 장수였기에 유방은 끝까지 긴장을 놓을 수가 없었습니다.

이때 참모 장량이 말합니다. "당장 공격하지 말고 차라리 우리가 밤중에 초나라 노래를 부르면 항우 진영이 무너질 겁니다. 항우의 초나라 병사들은 고향을 떠나온 지 여러 해가 됐기에 오늘 같은 가을밤에는 심금을 울리는 고향 노래만 들어도 전의가 사라질 겁니다." 실제로 초나라 병사들은 장량이 부는 피리 소리와 함께 사방에서 들려오는 초나라 노랫소리에 눈물을 흘리면서 고향에 두고 온 아내나 가족들을 생각했습니다. 군의 사기는 꺾이고 진영을 이탈해 도망치는 군사들이 속출했습니다. 결국 초나라 항우 군대는 극소수만 남게 되었고, 더 이상 전투는 해볼 것도 없어졌습니다.

결국 항우는 쫓겨서 남쪽 오강烏江. 안휘성 화현까지 후퇴했는데요. 이때 나룻배를 끌고 온 사공이 '권토중래捲土重來'를 건의했지만, 항우가 "나와 함께한 팔천 장정들이 모두 죽었는데 내가 무슨 낯으로 고향에 돌아가겠는가."라고 말하면서 스스로 목을 베어 자결하였습니다.

유방의 최후 승리는 군대가 항우와 대격전을 치러서 승리를 한 것이 아닙니다. 거기에는 책사 장량의 가을밤 천시天時를 활용한 '사면초가四面楚歌'의 지혜로운 전략이 있었기 때문입니다.

이번에는 두 번째 승부의 요소를 살펴보겠습니다.
만일 동물의 왕이라 불리는 사자와 악어가 싸운다면 누가 이길까요? 육상전에서는 사자가 유리할 것이고, 수상전에서는 악어가 유리할 것입니다. 이들에게는 어디에서 싸우느냐가 승패를 좌우하는 결정적 요인이 될 것입니다.

이처럼 싸움에서는 공간과 거리, 위치, 수단 등이 매우 중요한 승부의 요소가 됩니다.

공간을 응용한 제나라의 '위위구조' 전술
손빈의 지혜

❈

전국시대 기원전 353년 조趙나라가 위魏나라 방연의 공격을 받아 수도가 함락될 위기에 처했습니다. 그러자 조나라는 동맹 관계였던 제나라에게 도움을 청하였습니다.

제나라의 대장 전기田忌가 자신의 참모인 손빈孫臏을 불렀습니다. "지금 우리가 빨리 가서 도우면 조나라를 구할 수 있겠는가?" 그러자 지략가 손빈이 답했습니다. "당장 출발해도 우리가 조나라 수도 한단邯鄲에 도착하기 전 조나라는 패망할 것 같습니다." "그럼 조나라를 구할 좋은 방법은 전혀 없겠는가?" "지금 조나라로 가는 것보다 오히려 적진 위나라의 수도를 공격하면, 조나라를 공격 중인 위나라 군대가 본국을 지키기 위해 급히 회군할 것입니다. 그러면 조나라 수도 한단에 대한 포위는 자동으로 풀리게 되니 조나라를 구하려는 목적을 손쉽게 달성할 수 있을 겁니

다." 손빈은 위나라를 공격하는 위장 전술로써, 싸우지 않고 손쉽게 조나라를 구할 수 있었습니다

이 사건으로 탄생한 고사성어가 위나라를 포위해서 조나라를 살려낸 '위위구조圍魏救趙'입니다. 싸워서 이기는 것도 중요하지만 이처럼 공간의 유불리를 잘 숙지하고 이용하면 더 쉽게 상대를 물리칠 방법을 알 수 있습니다.

주어진 여건을 이용한 흉노 제압 작전
이목 장군의 지혜

❈

중국 전국시대, 북쪽에 있는 조趙나라는 흉노족의 침입으로 곤경에 빠질 때가 많았습니다.

기원전 230년경 전국시대 말기 조나라는 이목李牧 장군을 흉노족 전투의 책임자로 선발했습니다. 전선戰線에 도착한 그는 무엇보다 흉노족이 타고 있는 강력한 한혈마汗血馬와 싸워서는 이길 승산이 없다는 걸 알고서 어떻게 대적할까 고민하였습니다. 그러던 중 대치하고 있는 큰 강 건너 적 진영의 한혈마를 보면서 문득 좋은 아이디어가 반짝 떠올랐습니다.

그는 남쪽 민가 마을에서 암말들을 구해 와 야심한 밤 강가에

풀어놓았습니다. 밤바람이 솔솔 불었고 강 건너 흉노족의 수말들에게 암말의 향내가 전해졌습니다. 그래서 한 마리, 두 마리 흉노족의 수말들이 암말들을 향해 강을 건너오고야 말았습니다. 다음 날 아침, 잠을 깬 흉노족들은 기가 막혔습니다. 그들의 말이 모두 적진으로 사라졌기 때문입니다. 결국 흉노족들이 본국으로 모두 도망가고 말았다고 합니다.

조나라 이목 장군은 주어진 공간적 요소인 큰 강江과 군마軍馬의 요소를 십분 잘 활용하여 흉노족과 싸우지 않고 쉽게 승리할 수 있었습니다.

율산그룹의 사우디 수출 하역의 비결
신선호 회장의 지혜

우리나라 산업계에서 1970년대 '앙팡 테리블'로 불리던 '율산그룹'이라는 기업이 있었습니다.

1974년 율산실업으로 시작해 불과 4년여 만에 14개 계열사에 8천 명의 종업원을 거느린 '율산 신화' 한복판에는 서울대 수학과 출신의 29세 신선호 회장이 있었습니다.

그가 회사를 초고속으로 성장시킨 배경에는 남다른 문제 해결

능력이 있었기 때문입니다. 사업을 막 시작할 무렵 그는 해외로부터 천만 불짜리 시멘트 수출 건을 받았습니다. 그런데 수출품인 시멘트를 싣고 목적지인 사우디아라비아 항구에 도착했으나 뜻밖의 난관에 봉착했습니다. 워낙 많은 선박이 몰리는 바람에 계획보다 하역 일정이 무려 한 달 뒤로 밀린 것입니다. 배에 실린 시멘트 자재 50만 톤은 뜨거운 날씨 때문에 하루가 다르게 변질되어 가고, 선박을 빌린 용선 계약의 시한도 다가와 지체 배상금을 물어야 할 절체절명의 위기가 찾아왔습니다. 이번 일로 회사 전체가 어쩌면 한 방에 무너져 버릴지도 모른다는 공포가 엄습했습니다.

사우디 항만 당국에 아무리 애원하고 심지어 다투어 봐도 소용이 없었습니다. 그들과 싸워서 이길 수 있는 문제의 일이 아니었습니다.

이때 승부사 신선호의 아이디어가 번뜩였습니다. "선박 갑판에 가마니를 모아 불을 질러라!" 화재가 발생한 선박은 최우선 순위로 부두에 접안시켜 하역을 한다는 원칙을 알고서 선장과 짜고 일부러 방화를 저지른 것입니다. 모두가 발만 동동 구르고 있을 때 그는 싸우지 않고 이기는 방법을 생각하다가 '부두 하역순서' 문건을 떠올리고는 예외 조항을 발견한 것입니다.

그는 수출 납기를 잘 맞추었고, 중동 거래처로부터 열 배나 큰 1억 달러어치 추가 주문을 받아 도약의 새로운 전기를 맞게 되었습니다.

그러나 이번에는 수출 물량이 너무 많아 앞의 방법을 무모하게 반복 사용할 수는 없었습니다. 그는 새로운 고민에 빠졌습니다. 이번에 그는《삼국지》의 제갈량 같은 아이디어를 또 생각해 냈습니다.

2차 대전에서 사용하고 버려진 전차 상륙함LST, Landing Ship Tank 20척을 고물 가격으로 사들였습니다. 왜냐하면 전차 상륙함 LST 선박은 항만 시설이 없는 해안에 직접 접안할 수 있는 상륙작전 용도이기 때문입니다. 그는 부두가 아닌 일반 모래사장에 허가를 받아 초대규모로 하역을 했습니다. 밤낮없이 작업하느라 때로는 조명탄을 쏘고 밤하늘을 밝힌 채 장관을 이루어 발주처 관계자들의 감탄을 자아냈다고 합니다.

젊은 신선호 회장은 공간 측면을 잘 이용하여 위기를 극복할 줄 아는 리더였습니다.

항우의 외교 사신을 역이용한 필승 작전
진평의 지혜

❀

다음으로 '인간의 심리'를 잘 활용한 승부 사례를 살펴보겠습니다.

초한지쟁楚漢之爭에서 한나라 유방은 초나라 항우의 책사 범증范增의 지략으로 자주 위기를 겪었습니다. 어느 날 초패왕 항우가 유방에게 외교 사신을 보내왔습니다. 유방은 참모 진평陳平에게 사신을 대접하도록 하였는데요. 먼저 그는 사신에게 진수성찬으로 음식을 대접하면서 물었습니다. "당신을 보낸 범증은 안녕하십니까?" 그러자 사신이 말하기를 "나는 범증이 보낸 사신이 아니라 항우가 보낸 사신입니다." "아 그렇군요? 그렇다면 얘들아, 음식상을 물려라!" 하더니 곧 조그마한 밥상이 하나 달랑 나왔습니다. 사신은 몹시 불쾌했습니다.

그리고 항우에게 돌아가서는 유방 진영에서 받은 불쾌한 접대의 자초지종을 전했습니다. 사신의 이야기를 듣고 진평의 계략에 속은 항우는 참모 범증이 적과 내통하는 게 아닌가를 의심하기 시작했고 마침내 고향 땅으로 쫓아버렸습니다. 항우는 범증을 축출한 후 급격히 패망의 길로 들어섰고 급기야 진평의 간계에 속은 것을 알고 크게 후회하였습니다.

진평은 외교 사신과 적장 항우의 심리를 잘 활용함으로써 결국 승리의 발판을 마련할 수 있었습니다.

누구나 구애求愛를 하는 처지에서 상대가 호응하지 않으면 참 난감합니다. 이때 나의 호감 상대가 나를 외면하면, 정공법의 무리수를 둘 게 아니라 그녀의 친구나 가족 등 주변인과 잘 접선하여 환심을 사는 게 엉킨 실마리를 푸는 단초가 될 수 있습니다.

상대의 심리를 역이용한 공성계
제갈량의 지혜

❀

마지막으로 상대의 심리를 직접 공략하는 승부 사례를 살펴보겠습니다.

《삼국지》에 나오는 제갈량의 일화입니다. 때는 서기 228년, 촉나라의 전략가였던 제갈량의 지휘로 위나라를 공격하던 중 마속이 명령을 어긴 그 여파로 결국 촉나라 군대는 패퇴하게 됩니다. 제갈량은 위나라 사마의 군대가 계속 쫓아오고 있어 서성西城이라는 곳까지 피신했는데요. 당시 제갈량의 군사가 약 2,500명인데 반해 추격해 온 위나라 사마의 군사는 무려 15만 명이었다고 합니다.

그런 풍전등화의 위기 상황에서 갑자기 제갈량이 명령합니다. "성문을 열어라! 그리고 성문 앞의 마당을 쓸어라." 이렇게 지시하고 자신은 눈에 잘 띄는 성문 2층 난간에 앉아 한가롭게 거문고를 연주했습니다. 사마의가 서성에 도착해서 보니 성문은 열려 있고 군사들은 여유롭게 마당을 쓸고 있는데 제갈량은 웃으며 거문고를 연주하고 있는 게 눈에 들어왔습니다. '이건 분명 함정이다. 내가 아는 한 제갈량은 어설픈 작전을 펴는 사람이 아니다.'라는 판단을 하고 군사들을 모두 거두어 돌아갔다고 합니다.

병법에서는 성을 열어 둔 상태로 적을 맞이한다는 의미로 '공성계空城計'라고 일컫는데 제갈량이 '거문고를 연주하여 적을 쫓아내다.'는 뜻의 '탄금주적彈琴走賊'이라는 고사성어가 생겨난 배경입니다.

《삼국지》의 영웅 제갈량은 싸움에서 이긴 탁월한 전략가이지만 때로 상대의 심리를 역이용해 싸우지도 않고 상대를 물리친 천하의 지략가이기도 합니다.

심리를 이용한 문제 해결
생활 사례

❈

오래전 어느 날 MBC 방송사 PD로부터 갑작스러운 전화 한 통화를 받았습니다. 금명간에 방송할 프로그램이 스태프의 실수로 제작에 큰 문제가 생겼다는 겁니다. 그래서 저에게 급히 도움을 청했습니다.

10대 학생들의 의식에 관한 설문 조사를 해야 하는데 문제는 오늘 밤 사이에 무려 500명의 조사가 필요하다는 겁니다. 그날 유명 리서치 기관에 의뢰하니 설문 면접원을 모집하는 데 최소 5

일 정도 시일이 필요하단 대답을 받아서 달리 아무런 방법이 없다는 설명도 덧붙였습니다. 저쪽에서 살려달라고 외치지만, 무슨 신통한 재주로 하룻밤 새 500명분의 설문 조사를 해결할 수 있을까요? 저는 깊은 고민에 빠졌습니다.

제갈량이라면 또는 율산의 신선호 회장이라면 과연 이 난관을 어떻게 해결할 것인가 자문자답해 보았습니다.

갑자기 길이 보였습니다. 저는 전화번호부에서 야간 고등학교 주소를 찾아보았습니다. 택시를 타고 송파에 소재한 W 여상 야간학부로 신나게 찾아갔습니다.

그런데 새로운 난관에 부딪혔습니다. MBC 방송사에서 생긴 사건의 자초지종을 잘 설명했지만 교감 선생님께서 설문 조사를 허락해 주시지 않았습니다. 애원도 해보고, 읍소하다가 심지어 화도 내어 보았지만 도무지 벽창호 같았습니다. 말도 안 되는 이런저런 핑곗거리로 거절했습니다. 그렇다고 저로서는 핑곗거리를 하나하나 따져 물으며 싸울 수도 없는 처지였습니다.

그래서 마지막으로 심리전을 펼치기로 생각을 바꾸었습니다. 괴로운 표정으로 10여 분간 혼자 우두커니 서 있었습니다. 교감 선생님이 나가라고 말해도 그냥 못 들은 체했습니다. 다른 선생님들은 촉각을 곤두세운 채 눈치만 보며 아무도 나설 엄두를 내지 못 내고 있었습니다.

그러다가 저는 갑자기 교무실 문밖을 나섰습니다. 제 뒤통수 쪽에서는 안도의 한숨을 쉬는 듯이 느껴졌습니다. 아마도 멀쩡한 외부인이 나타나서 속 썩이더니, 그 골칫덩이가 사라지는 게 마치 앓던 이가 빠진 느낌이었나 봅니다.

그러나 그냥 돌아갈 저라면 시작도 안 했을 겁니다. 저는 학교 앞 편의점에서 산 음료수 선물 세트를 들고서 의기양양하게 다시 교무실 문을 열었습니다.

순간 교무실 안 여기저기에서 뻥 하고 터졌습니다. 지켜보던 선생님들이 또다시 출몰한 저를 보고 웃음을 참지 못했던 겁니다. 교감 선생님도 자신도 모르게 따라 웃어버리고 말았습니다.

그날 교내 방송으로 2학년 전교생에게 설문 조사에 대한 협조 사항이 전해지자, 갑자기 "우와" 하고 울리던 어두운 밤 운동장의 메아리 소리가 다시 떠오릅니다.

《손자병법》은 지모智謀로 상대의 심리를 이용하는 걸 최고의 전략으로 추천하고 있습니다.

중국 정치국 회의장의 서신 일람 작전

덩샤오핑의 지혜

✦

중국 개혁 개방의 아버지인 덩샤오핑의 숨은 심리전 사례가 있습니다.

작은 거인 덩샤오핑鄧小平은 국가 지도자 마오쩌둥에 의해서 여러 차례 고초를 겪었습니다. 그는 문화대혁명을 긍정하지 않아 1976년 1월 저우언라이周恩來가 죽은 직후 세 번째로 모든 직위에서 밀려났습니다. 그런데 불과 몇 달 후 1976년 9월 9일, 마오쩌둥이 84세로 병사하고 말았습니다. 마오쩌둥 사후 축출당한 덩샤오핑의 혁명 동지들은 다 같이 정치 일선에 곧바로 복귀하였으나, 예외로 덩샤오핑만은 가택연금이 풀리지 않았습니다.

덩샤오핑은 정치 무대 복귀를 학수고대하며 1년여 동안 기다렸습니다. 그러나 아무런 연락이 없자 그는 1977년 4월 10일 자로 당시 국가 지도자 반열의 동지들에게 편지를 보냈습니다. 중국에서는 정치국 회의라고 해서 우리나라 국무회의처럼 국가정책 결정 회의가 매달 열리고 있는데요. 거기에서 자신의 편지를 읽게 했습니다.

"정치국원 여러분, 마오쩌둥 주석에게 미움을 받은 것은 내 실수이고 나의 책임입니다. 그래서 마오 주석의 결정은 원망하지 않습니다."

그런데 마오쩌둥의 처벌은 원망하지 않는다는 이 말에는 다른 속뜻이 있었습니다. 즉 '나 덩샤오핑은 마오 주석을 원망하지 않지만, 정치국원인 예젠잉葉劍英, 섭검영, 리셴녠李先念, 이선념 등 혁명 동지 당신들을 원망한다.' 이렇게 각자 속마음이 찔리게 글이 읽히도록 심리전을 썼던 겁니다.

이 자리에 있던 정치국원들은 이 글을 읽으면서 하나같이 마음에 동요가 일었습니다. 그들은 서로 "내가 앞서서 덩샤오핑을 복권하도록 하겠다."라고 한마디씩 합니다. 결국 혁명 원로들의 적극적인 노력으로 1977년 7월 덩샤오핑은 복직되었습니다.

우리는 덩샤오핑이 이기적인 동지들과 맞서 논리적으로 싸우거나 다투기보다 감성적인 심리를 이용해 부전굴인不戰屈人한 사례에서 지혜로운 교훈을 배울 수 있습니다.

터키공화국의 이슬람 제도 개혁
케말 파샤와 공무원의 지혜

1923년 터키는 2차 대전 패전 후 새로운 지도자로 케말 파샤 Kemal Pasha, 1881~1938를 대통령으로 선출했습니다. 그는 터키공화국을 서양 근대식 국가로 발전시키기 위해 구식 이슬람 제도의 개혁을 주창士唱했습니다. 그 일환으로 일상생활에서 여성들의 히잡 사용을 법으로 금지했습니다. 그런데 히잡은 오랜 생활 관습인지라 국민의 강한 반발에 부딪히고 말았습니다. 특히 젊은 여성들의 반대로 어쩔 수 없이 히잡 사용 금지법을 철회해야 할 상황에 봉착한 것입니다.

그런데 갑자기 반전이 일어났습니다. 어떤 공무원이 새로운 아이디어를 추가한 것입니다. '유흥업소의 여성 종사자들은 퇴근 후 반드시 히잡을 써야 한다.'라는 예외 조항을 행정명령으로 추가로 발표한 것입니다. 다음 날부터 여성들은 유흥업소 종사자로 오해받고 싶지 않아서인지, 하나둘씩 히잡을 벗기 시작했습니다. 얼마 후 터키 여성들은 너 나 없이 모두 자발적으로 모두 히잡을 벗고야 말았습니다.

국민과 싸우지 않고 국가 행정이 승리한 재밌는 사례로 오래오래 회자하고 있습니다.

인지 부조화를 이용한 심리작전
벤자민 프랭클린의 지혜

❖

미국 지폐 최고액인 100달러의 초상화는 벤저민 프랭클린 Benjamin Franklin 입니다. 그는 조지 워싱턴과 함께 미국 건국의 아버지라 불리는데요, 그가 정당 생활을 할 때 반대당의 라이벌이 사사건건 시비를 걸어왔습니다.

그래서 어떻게 이 관계를 개선해야 할지 고민하다가 이러한 속담이 생각났다고 합니다. "인간은 자신에게 친절을 베풀어 준 사람보다, 오히려 자신이 베푼 친절을 받아들인 사람을 더 좋아한다." 즉 사람은 친절을 베풀면서 선행을 할 때 스스로 기분이 더 좋아져서, 그 친절을 받는 상대를 더 좋아하게 된다는 것입니다.

그래서 벤저민 프랭클린은 생각합니다. '내가 라이벌에게 더 잘해주기보다는, 그 사람이 오히려 나에게 친절을 베풀게끔 할 게 없을까?'

프랭클린은 언젠가 라이벌의 서재에서 보았던 책 한 권을 빌려달라고 편지를 보냈습니다. 라이벌은 편지를 받자마자 고민에 빠졌지만, 약소한 책 한 권 정도나마 안 빌려주면 마음이 옹졸해 보일 것 같아 결국 책을 보내주었습니다. 벤저민 프랭클린이 그에게 깊은 감사를 표시하며 둘의 관계는 점차 개선되어 우정을 나누는 사이로 발전했다고 합니다.

현대 심리학에서는 이를 '벤저민 프랭클린 효과'라고 합니다. 도움을 준 사람이 도움을 요청한 사람에게 오히려 호감을 느끼는 현상을 이야기합니다. 일반적으로 인간은 자신과 대립각을 세운 사람을 돕게 될 때 '내가 지금 왜 이러지?'라는 생각이 들면서

'인지 부조화cognitive dissonance'를 느낀다고 합니다. 결코 잘해주고 싶지 않은 사람에게 친절을 베풀게 되면, 이성적 판단과 현실의 행동이 모순되는 상황에서 '그래, 원래 난 좋은 사람이야'라는 생각이 들면서 미운 상대에게조차 조금씩 더 베풀게 된다는 겁니다.

우리는 부부 싸움에서도 '벤저민 프랭클린 효과'를 활용하면 뜻밖의 결과를 맞이할 수 있습니다.

부부 사이에는 자존심 싸움으로 일정 기간 소통이 단절되는 때도 있습니다. 그럴 때 여전히 냉전을 지속하자니 답답하고 먼저 말을 걸자니 자존심도 상하고 어색하기도 해서 어쩔 줄 몰라 할 때가 더러 있습니다.

이럴 때 남편 처지에서 먼저 아내에게 말을 겁니다. 거절할 수 없는 부탁을 상대에게 먼저 하는 것이지요. "배가 고픈데, 라면 하나만 끓여 줄 수 있겠어요?"

아내는 순간 망설여지지만, 지극히 사소한 부탁을 거절하면 치사하게 보일 것 같아 선뜻 마음이 내키지는 않아도 십중팔구는 라면을 끓여 준다고 합니다. 중요한 건 라면을 끓이는 동안 속으로 '착한 내가 참는다. 참아~'라고 생각하기 시작하다가 점점 '그래 알고 보면 저 인간도 참 딱하지, 내가 잘해주지 않으면 누가 챙겨주겠나….'

아내의 마음이 조금씩 풀리면서 자신도 모르게 남편에 대한 호의가 새록새록 생겨난다고 합니다.

싸우지 않고 이기는 사파리 투어 퀴즈
부전이승의 지혜

❋

아래의 재밌는 퀴즈를 직접 풀어 보시기 바랍니다.

아프리카 현지로 동물 투어 여행을 갔습니다. 그런데 관광 도중 초원에서 사파리 투어 차량이 고장 나서 옴짝달싹할 수 없는 신세가 되었습니다. 반나절이 지나도록 배는 고파오는데, 차 밖에는 사자 한 마리가 으르렁거리며 차 주변을 서성거리고 있습니다. 차 안에서 더는 버틸 수가 없어 운전사, 가이드와 의논 끝에 함께 차량을 탈출하기로 결심을 굳혔습니다.

차 안에는 담뱃불 라이터, 긴 지팡이, 손전등, 운동화 등 4개의 소품이 있습니다. 차 안의 사람들은 이 중에서 하나만 가지고 탈출할 수 있습니다. 우선 선택권이 여러분에게 주어진다면 무엇을 가지고 탈출하시겠습니까?

의외로 많은 분이 라이터, 손전등, 지팡이를 선택한다고 대답합니다. 그 이유로 라이터 불을 켜서 사자를 위협하거나 손전등으로 사자 눈을 비추어 위협하겠다고 합니다. 지팡이로 사자를 치겠다는 분도 있습니다. 그러나 우리가 이 정도 소품으로는 결코 사자와 싸워서 이길 수 없습니다.

따라서 정답은 운동화입니다. 왜냐하면 나 자신이 운전사나 가이드보다 더 빨리 달리기만 하면 사자에게 잡아먹히는 신세를 모면할 수 있습니다. 어차피 사자는 한 사람만 잡아먹기 때문입니다. 이런 상황에서는 운동화 신고 잘 달리는 게 중요합니다

이 문제의 핵심은 사자와 부딪혀 이기려고 할 게 아니라 싸우지 않고 살아날 생각을 하라는 난센스 퀴즈입니다.

공자는 《논어》의 〈팔일편〉에서 '군자는 다투지 않는다君子無所爭, 군자무소쟁.'라고 말합니다.

앞으로는 싸워서 이길 생각을 잠시 보류하고 공간, 시간, 인간의 세 요소를 잘 활용하여 손쉽게 이기는 방법을 강구해 보시기 바랍니다.

싸우지 않으려고 작심作心하면 의외의 길이 나타납니다. 자신의 손발을 스스로 묶어버리고 나면, 자연스레 다양한 아이디어가 떠오르기 마련입니다. 궁즉통窮卽通의 자세로 절실하게 찾을수록 좋은 방법이 나를 반겨줍니다.

싸우지 않기 위해 사고를 폭넓고 유연하게 하면, 부전굴인不戰屈人의 실마리를 만날 수 있습니다.

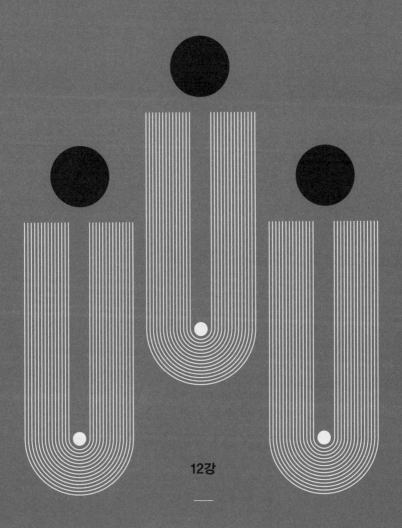

12강

—

고민을 줄이는
방법이 있나요?

● 행복의 지혜 ●

"고민을 줄이는 최고의 방법은
무엇보다 내 마음의 주인이 되는 것이
가장 중요합니다.
우리는 내 마음의 주인이 되고 나서는
정말 고민이 대부분 사라지는 것을
경험할 수 있습니다."

우리는 늘 행복을 꿈꾸며 살아가고 있습니다. 그런데 오늘 마주할 현실은 다양한 고민苦悶이 우리를 기다리고 있습니다.

여러분은 일상생활에서 가볍거나 무거운 고민이 생겨났을 때 어떻게 처리하십니까?

우리는 자신을 에워싼 가족, 재화, 외모, 건강, 직장, 사업 그리고 인간관계 등의 주제로 구름처럼 일어나는 다양한 고민을 근본적으로 피하기 어렵습니다. 심지어 지나고 나면 아무것도 아닌 괜한 고민을 자초하는 때도 많이 있습니다.

사소하게는 오늘 점심 메뉴 선택으로 가벼운 고민을 하는가 하면, 성적 부진이나 실적 미달, 관계 악화 등으로 스트레스를 받기도 하고, 때로는 누구나 한 번쯤 겪을 만한 낙방, 실연, 질병,

은퇴 문제로 괴로움에 밤잠을 설치거나 문득 각종 사고, 부도, 해고, 이혼, 사별 등 불청객이 엄습해 와 충격과 함께 번민에 빠지는 수도 있습니다.

그런데 우리의 인생과 고민의 함수관계를 동양의 여러 철학사상은 어떻게 설명하고 있을까요? 대표적인 3대 사상인 불가, 유가, 도가의 순서로 살펴보겠습니다.

불교가 말하는 인생과 고뇌
법구경의 일체개고론

불가佛家의 명고전인 법구경法句經. Dhammapada에 보면 우리 인생의 모든 것이 고통거리란 의미로 '일체개고一切皆苦'(제278게송)라고 하며, '인생고해人生苦海', 곧 괴로움의 바다에서 헤엄치고 있다고 합니다. 고타마 싯다르타는 모든 것이 자기 뜻대로 되지 않는다는 것을 괴로움苦이라고 하였고, 자기 뜻대로 되지 않는 것을 뜻대로 하고 싶다는 인간의 내면에 감춰져 있는 욕망을 괴로움의 원인으로 보았습니다.

유학의 인간 내면에 대한 성찰
주자의 4단 7정론

송나라 유학자 주희朱熹가 저술한 《주자어류朱子語類》에는 공자, 맹자孟子와 달리 인간의 타고난 성정性情에 관한 이론을 얘기했습니다. 인간에게는 본래 하늘을 닮은 성품인 '본연지성本然之性'과 개인마다 외부 환경에 각자 다르게 반응하는 '기질지성氣質之性'이 있다고 합니다.

그래서 마음 한복판에는 본연지성本然之性의 사단四端인 측은지심惻隱之心, 수오지심羞惡之心, 사양지심辭讓之心, 시비지심是非之心이 있고, 그 바깥에는 기질지성氣質之性인 칠정七情으로 희노애락애오욕喜怒哀懼愛惡慾이 존재한다고 합니다. 이 일곱 가지 감정은 우리 기분을 좋게 하는 기쁨, 즐거움, 사랑의 감정과 우리 기분을 불쾌하게 하는 분노, 슬픔, 미움, 욕망 즉 우리를 고뇌로 안내하는 감정으로 나뉩니다. 따라서 우리의 기질氣質 중에서 무려 네 가지가 고민과 직결되어 있습니다. 따라서 유가의 관점에서도 본시 우리 인간은 평소 고민을 하지 않고 살 수는 없는 것입니다.

도가의 인생 행복에 대한 이론

노자의 화복론

❖

도가 사상에서는 인간의 감정들을 별개적 관념이 아닌 순환적 관념이라고 생각합니다. 구체적으로 《노자도덕경》 58장에 보면 '화禍에는 복福이 기대고 있고, 복에는 화가 엎드려 있다禍兮福之所倚 福兮禍之所伏. 화혜복지소의 복혜화지소복.'고 주장합니다.

즉 화가 있는데 그 안을 보면 기쁨이 웅크리고 있고, 또 기쁜 일이 있는데 그 안에는 다시 화가 될 만한 일이 배태胚胎되어 있다고 합니다. 즉 우리 인간의 세상사는 언제나 순환이 되므로 기쁨이 기쁨이 아니요, 곧 다시 슬픔으로 변화되며, 괴로움이 거기서 끝나지 않고 다시 한번 즐거운 일로 바뀐다고 합니다.

요약해 보면 동양 사상의 불가에서는 인생 전체를, 유가와 도가에서는 우리 삶의 대략 절반 정도를 고민이 차지한다고 주장하는 셈입니다.

그렇다면 우리 인간에게 고민이 발생하는 근본 원인은 무엇일까요?

인생 고민의 3대 기본 원인
붓다와 3독론

約 2500년 전 고타마 싯다르타가 보리수 아래에서 깨달음을 얻어 붓다가 된 이후에 최초로 설파했던 《아함경阿含經》을 보면 '고민의 3대 원인'에 관한 내용이 담겨 있습니다.

그중 첫 번째로 인간은 '탐욕貪慾' 때문에 고민이 생긴다고 합니다. 끊임없이 무언가를 가지고 싶은 지나친 욕심으로 말미암아 인간은 고민이 생긴다는 것이지요. 욕심에는 일반적으로 식욕食慾·색욕色慾·재욕財慾·명예욕·수면욕 등 5욕五慾이 언급되며 이것들이 지나칠 때는 탐욕이라고 칭합니다.

두 번째로 '진에瞋恚'입니다. 진에는 분노라고 흔히 해석하는데요. 미워하고 성내는 것뿐만 아니라 시기와 질투의 감정 또한 포함이 됩니다.

마지막 세 번째로 '우치愚癡'입니다. 분별력 없는 어리석음을 말하는 것으로 역시 인간 고민의 주요 원인이 된다고 합니다.

불가佛家에서는 탐욕, 진에, 우치 이렇게 세 가지를 흔히 '삼독三毒'이라 말하는데, 이는 인간들을 해롭게 하는 것이 치명적인 독毒과 같다고 하여 붙여진 이름입니다.

우리는 이러한 '삼독'을 어떻게 처리해야 할까요? 고민을 줄이는 방법으로는 무엇이 있을까요?

고민에 대처하는 방법 1. 보류하라
도미니크 로로와 메모

　친한 선배 교수님이 일시에 생겨난 고민이 너무 많아 힘들었다고 합니다. 그래서 아주 급한 고민, 꼭 해결해야만 하는 고민은 지금 당장 처리하고 조금 미룰 수 있는 고민은 메모해 두었다가 다음 날 들여다보았는데 대부분의 고민거리가 해결되어 있었다고 합니다.

　그래서 그날 이후, 고민이 생기년 노트에 적어 두고 매주 토요일 오전에 다시 들여다보았답니다. 신기하게도 고민은 거의 80% 이상 사라지고 흔적조차 없었다고 합니다.

　제가 30대 초반 즈음에 그 말을 듣고서 왠지 일리가 있을 거 같아 한번 실천해 보았습니다. 정말 거짓말처럼 고민은 증발하기에 왜 이런 걸 진작 몰랐나 싶었습니다. 그동안 쓸데없는 고민에 시달린 생각이 억울하게 느껴질 정도입니다.

　얼마 후 이 방법이 익숙해지고 나니 메모는 더는 필요 없어지고 머릿속에서 선별하여 사라질 고민은 곧바로 쓰레기통으로 보내버리게 됩니다.

"지금 고민을 메모하라."

　프랑스 소르본 대학 출신 수필가인 도미니크 로로Dominique Loreau

는 그녀의 저서 《고민 대신 리스트》에서 고민을 적는 방법과 효과에 관하여 설명합니다.

여러분도 고민이 생기면 당장 꼭 해결해야 할 경우를 제외하고 메모를 해보시면 어떨까요. 노트나 수첩이라든지 혹은 메모지에 그때그때의 고민을 적어 두십시오. 그리고 주말이 되어서 여러분들이 써놓은 고민을 한번 다시 읽어보십시오. 약 80% 이상은 이미 사라져서 없을 겁니다. 이것을 한두 번 경험하고 나면 지혜가 생겨서 '이것은 제대로 된 고민거리인가 아닌가?' 하고 선별력이 생기게 됩니다.

불필요한 고민을 여러분들이 사양하고 거절하는 것, 고민을 현저히 줄일 수 있는 첫 번째 비결이 되겠습니다.

고민에 대처하는 방법 2. 직시하라
한용운과 법정 스님

두 번째로 피할 수 없는 고민은 그 대상을 정면으로 직시하고 맞서 돌파하는 방법입니다. 우리가 지닌 고민을 직시해 보면 '욕망과 집착'이 근본적인 뿌리라는 것을 알 수 있습니다.

시인이자 독립운동가인 만해 한용운萬海 韓龍雲의 젊은 시절 일화입니다. 그는 강원도에 걸출한 인물이 있다는 얘기를 듣고 그 원로를 찾아가 여러 주제로 말씀을 여쭈었는데 여러 장광설만 들었다고 합니다.

아쉬운 마음으로 시장에 나와 둘러보는데 어떤 사람이 과일가게에서 물건을 사면서 주인에게 물었다고 합니다. "이 사과는 왜 이렇게 작아요?" 그러자 이 과일가게 주인이 대꾸하길 "작다고 보면 작고, 크다고 보면 크지요."

이 얘기를 듣는 순간 한용운은 머리를 망치로 얻어맞은 듯 깜짝 놀랐다고 합니다. '그렇구나. 세상에 모든 것을 작다고 보면 작지만 크다고 보면 큰 것이구나.' 만해는 이 교훈을 자신의 욕망과 정면으로 맞서는 평생의 가르침으로 삼았다고 합니다.
우리도 '더 큰 것을 얻으려는 욕망, 이것이 나를 집어삼키면 고민의 포로가 된다.'라는 걸 명심해야 하겠습니다.

동양 고전을 산책하다 보면 《노자도덕경》의 명언을 자주 만나게 됩니다. '지족불욕知足不辱, 만족을 알면 인간은 욕됨이 없으며 불욕이정不欲以靜, 바라는 것 없으니 내 마음이 고요하다.'라고 이야기합니다
노자는 항상 만족하면서 사는 소확행小確幸을 얘기하고 있습니다. 소소하지만 확실한 행복, 그것은 결국 욕망이 크지 않은 상황

에서나 만날 수 있을 뿐입니다.

집착의 문제 또한 마찬가지입니다.

어린아이는 눈사람이 녹을 때 눈물을 보입니다. 어린아이가 안타까움으로 우는 것은 변하지 않는 눈사람에 집착하기 때문입니다. 그러나 자연의 이치를 아는 어른이 볼 때 눈사람은 어차피 녹기 마련입니다.

우리는 누군가를 만나면 언젠가 헤어지게 되어있고, 쇼핑을 하고 나면 지갑은 자연히 비워지게 마련입니다. 인생의 모든 대상은 고정되어 있지 않으며 영원한 것은 아무것도 없습니다. 그래서 인간은 변하지 않기를 바라고 그것을 집착하는 데에 괴로움의 원인이 있다고 말합니다.

우리에게 주어진 숙명 생로병사生老病死, 덧없는 세월의 흐름을 인정하고 변화를 수용하는 만큼 우리의 불필요한 고민은 줄어들 것입니다.

법정 스님의 저서 《무소유無所有》를 읽다 보면 밑줄 치고 싶은 사연이 더러 있습니다.

1960년대 서울 성동구 뚝섬에는 교통수단이라고는 오로지 나룻배뿐이었습니다. 그런데 뚝섬의 나룻배는 도무지 시간의 구애를 받지 않아 사람이나 물건의 적재량이 가득 차야 움직였다고 합니다. 처음으로 그 나루를 이용하기 시작한 사람들은 억울하고 안타까운 일을 많이 당하게 되는데, 출발 시각을 예측할 수 없어 허겁지겁 강변에 다다르면 한 걸음 앞서 배가 떠나고 있거나 저쪽 기슭에 부동자세로 매달린 채 속을 태운다고 합니다.

그래서 법정 스님은 생각을 고쳐먹기로 하고 나룻배 시간에 조금 늦을 때마다 "너무 일찍 나왔군." 하고 스스로 달래게 되었다고 합니다. 시간을 빼앗긴 데다 마음조차 빼앗긴다면 이중 손해가 난다는 겁니다. 다음 배편이 내 차례인데 미리 나왔다고 생각하면 비로소 마음에 여유가 생긴다고 고백했습니다.

현대인들은 버스나 전철을 타러 갔을 때 한발 늦어 차를 놓칠 때가 종종 있습니다. 특히 출근 시간이나 약속 시간이 빠듯해서 숨차게 달려갔는데 떠나가는 차의 뒷모습을 바라볼 때는 참으로 허탈하고 속상합니다.

이럴 때 가방에서 포켓용 책이라도 꺼내 들며 여유 있게 법정 스님처럼 "너무 일찍 나왔군."이라며 한 번 읊조려 보십시오. 순간 한결 기분이 나아지실 겁니다.

고민에 대처하는 방법 3. 외면하라

혜국 스님의 일화

2012년 9월 11일 《중앙일보》 29면에 재미난 인터뷰 기사가 실렸습니다.

사연의 주인공은 충주 석종사 혜국慧國 스님입니다. 그에게는 오른손 세 손가락이 없는데, 젊은 시절 수행에 전념하기 위해 불태웠다고 합니다. 이를 소지공양燒指供養, 혹은 연비燃臂라고 합니다.

그는 젊은 시절 어렵게 공부해 서울대 법대에 입학했다가 글쓰기 동아리에서 한 여학생을 짝사랑하게 됐다고 합니다. 세월이 흘러도 그녀가 잊히지 않아 수행에도 방해가 되었다고 합니다. 정말 새로 태어나고자 하는 마음이 들어서 인간적인 나약함을 이겨내려고 연비燃臂를 했다고 말합니다.

그런데 우리가 손가락을 불태운다고 짝사랑하던 여성을 잊을 수 있을까요? 과연 번뇌가 사라질까요? 제 생각에는 차라리 그 생각 자체를 외면하는 것이 그녀를 잊는 지름길이라고 말하고 싶습니다.

잠이 오지 않을 때 잠을 자려고 애쓰면 잠은 오히려 달아나 버리고 맙니다. 우리들의 고민도 이와 같습니다. 어떤 고민은 애써 외면해 버리는 게 상책입니다.

언어학자 조지 레이코프George P. Lakoff의 주장에 따르면, 사람들에게 코끼리를 생각하지 말라고 하면 코끼리에 대한 생각이 멈추기는커녕 코끼리에 대해서 더 자주 생각하게 된다고 합니다.

부디 우리가 고민의 프레임에 갇히지 말고 고민의 대상에게서 슬그머니 시선을 돌리고 외면하는 게 슬기로운 해결책입니다.

동료의 비방과 식자우환의 일화
여몽정의 지혜

❖

중국《송사宋史》를 읽어보면 송나라 태조의 건국 이래 세 번이나 재상宰相에 오른 위인 여몽정呂夢正의 일화가 마음을 사로잡습니다. 여몽정이 과거에 장원급제한 후 그가 달리던 출세 가도를 시기하여 어떤 신하가 그를 폄훼貶毀한다는 소문이 있었습니다. 어느 날 그의 친구가 "당신을 비방誹謗하는 사람이 누구인 줄 알게 되었다."라면서 말해주려 하자 그는 듣기를 거부했습니다. 친구가 헛소문을 만든 범인을 왜 궁금해하지 않느냐고 이유를 묻자 여몽정이 "나를 비방하는 그의 이름을 알면 지금은 용서할 수 있으나, 평생 용서할 자신이 없다."라고 말합니다. 그럴 바에는 그 사람 이름을 차라리 모르는 것이 나을 것 같아 궁금해도 참는 것이라 말했습니다.

명고전 《노자도덕경》에서는 '식자우환識字憂患'이라고 합니다. 아는 사람은 근심이 생긴다는 뜻입니다. 우리는 궁금한 것을 참지 못하여 알고 난 뒤 오히려 후회하는 때도 많습니다.

2015년 2월 헌법재판소의 위헌결정으로 그동안 논란이 많았던 간통죄가 폐지되었습니다. 그 이후 민간 탐정 업체인 흥신소興信所가 2배로 늘어나 전국에 3,000여 개가 성업 중이라 합니다.

흥신소에서 남편의 불륜 현장을 확보하게 되어 의뢰인에게 통보하면 대부분 동행을 자청한다고 합니다. 흥신소 대표는 기존의 경험에 비추어 아내의 현장 목격을 극구 만류하지만 아무런 소용이 없다고 합니다.

통상 아내의 처지에서 간통녀가 미녀美女인 경우 상대적인 열등감에 괴로워하고, 반대로 자신보다 못난 추녀醜女일 경우에는 오히려 더 괴로워한다고 합니다. 이런 설명을 해주어도 의뢰인은 무시하고 막무가내로 따라나섰다가 나중에서야 괜히 동행해서 고민만 커졌다고 예외 없이 후회한다고 합니다.

인간은 이렇게 어리석게도 삼독의 우치愚癡 현상으로 괴로움을 자초하는 경우가 참 많습니다.

우리는 때로 어떤 것들을 외면하여 고민을 더 크게 늘리지는 말아야 하겠습니다. 상황에 따라서는 아는 게 힘이 아니라 모르는 게 약입니다.

고민의 외적 원인과 내적 원인 비교
강물의 파문 비유

❖

한편 우리가 필연적인 고민으로 인한 불행을 줄이기 위해서는 고민과 자신 내면의 관계를 깊이 통찰해 볼 필요가 있습니다.

우리가 강江에 가서 돌을 던지면 그 강물에는 파문波紋이 일게 됩니다. 파문이 생기는 원인이 뭘까요? 돌을 투척投擲, 던졌기 때문입니다. 그런데 여러분들이 한겨울 추운 날 결빙結氷이 된 강에 돌을 던진다면 어떻게 될까요? 강에는 파문이 일지 않습니다. 왜 그럴까요? 그야 강물이 단단하게 얼었기 때문입니다.

이 파문의 비유가 우리에게 제시하는 교훈이 무엇일까요?

강에 나타나는 파문의 원인으로 우리는 외적外的 원인, 돌의 투척을 떠올리지만 더 중요한 것은 내적內的 원인, 즉 파문이 일어나지 않을 상태라면 강에 아무리 돌을 던져도 소용이 없다는 거죠.

고민도 마찬가지입니다.

결국 우리 마음은 외적 요인外的要因에 의해서 고민을 하게 되는데요. '나'라는 사람의 내면이 단단해서 외적인 변수에 의해서 파문이 일지 않을 상태라면, 즉 '고민을 튕겨버릴 만큼 강한 내면內面'이 갖춰진 사람이라면 외부에서 찾아오는 고민 내용이 별로 문제가 되지 않을 것입니다.

마치 감기 바이러스가 아무리 창궐猖獗해도 내가 이겨낼 수 있는 건강 상태라면 바이러스의 침투는 무용지물이 되는 것과 같은 이치입니다.

우리 마음의 주인과 노예론
임제의 수처작주

중국 불교의 명고전《임제어록》에 보면 위대한 선사 임제臨濟가 남긴 '수처작주隨處作主, 어느 곳에 있든지 네 마음의 주인이 돼라.'는 명언이 있습니다.

우리 인생에는 다양한 고민이 있지만 그 안을 자세하게 들여다보고 누가 주인 노릇을 하는지, 누가 노예의 지위에 있는지 정확히 알아야 합니다.

내가 어떤 문제로 고민에 빠져있을 때 나 자신의 마음을 직시해 보면, 그 '고민'이 내 마음의 주인이 되고, '나'란 존재는 그 노예가 되어있을 때가 너무 많습니다.

즉 내가 '연인戀人' 문제로 고민을 할 때 내 마음을 빼앗아 간 '연인'이란 존재가 주인이 되어있고, '나'는 그 노예가 되어있다는 것을 발견할 수 있습니다.

그러므로 '수처작주'라는 명언처럼 여러분이 고민을 만났을 때 기필코 마음의 주인 자리를 탈환하여야 합니다. 내 마음을 지배하려 드는 고민을 노예의 자리로 반드시 끌어내려야 합니다. 그러면 고민으로부터 압박당하거나 힘든 시간을 가지는 일이 현저히 줄어들 것입니다.

고민을 줄이는 최고의 방법은 무엇보다 내 마음의 주인이 되는 것이 가장 중요합니다. 우리는 내 마음의 주인이 되고 나서는 정말 고민이 대부분 사라지는 것을 경험할 수 있습니다. 왜냐하면 내가 주인이 되면 고민을 부릴 수 있어서 더는 고민이, 고민이 아닌 경우가 많기 때문입니다.

지금부터는 명고전에서 마음의 주인이 된 사례를 만나보겠습니다.

위대한 스승과 제자의 선물 일화

조주 선사와 엄양

《벽암록碧巖錄》이라는 중국 불교 명고전에 따르면 조주종심趙州

從諗이라는 위대한 선사가 있었습니다. 어느 날 그의 제자 엄양嚴陽이라는 사람이 스승님을 찾아와 인사했습니다. "죄송합니다. 스승님, 서두르느라 미처 선물을 준비하지 못했습니다." 그러자 조주가 답변했습니다. "괜찮네, 그만 내려놓게." 엄양은 영문을 몰라서 다시 말합니다. "아무것도 못 가져왔는데 뭘 내려놓으라 하시는 겁니까?" 조주가 답변합니다. "그래, 그러면 계속 들고 있게나."

엄양은 조주의 말뜻을 알아듣지 못했습니다. 조주 선사의 말씀은 "네가 선물 사오면 내가 기분이 좋고, 안 사오면 내가 기분이 나쁠 사람인가? 그러니 네 마음의 부담을 그냥 내려놔라. 나는 네가 오랜만에 와줘서 너무나 반갑고 고마운데, 그깟 선물 때문에 계속 신경을 쓰고 있느냐?"

조주는 우리에게 항상 마음의 주인 상태에 있어 외물에 흔들리지 않아야 한다고 깊은 가르침을 주고 있습니다.

개울가 사건과 화장실 용변 처리
동자승 형제의 일화

❀

어느 날 노스님이 동자승童子僧에게 산에서 내려가서 시장, 저 잣거리에서 물건을 사 오도록 심부름을 보냈습니다. 그날따라 갑자기 기류가 불안정해서인지 오후에 소낙비가 엄청나게 내렸습니다.

시장에서 물건을 사고 다시 산에 올라가는데, 어린 소녀 하나가 넘치는 시냇물을 보며 울고 있었습니다. 이 소녀는 심부름으로 어머니의 약을 지어 왔으나 갑자기 불어난 시냇물로 건너지 못하고 있다는 거죠. 그래서 동생 승려가 소녀를 업어다 그 시냇물을 건너주었습니다.

그리고 그들은 노스님이 계신 곳으로 계속 길을 걸어가고 있었는데 앞서가던 형이 말했습니다. "큰스님께서 평소에 여자를 가까이하면 안 된다고 말씀을 하셨는데 너는 오늘 그 큰스님의 말씀을 어겨버렸구나." 그러자 동생이 말했습니다. "형, 나는 아까 그 아이를 내려놨는데 왜 형은 아직까지 업고 있는 거야?"

이 우화로 우리에게 전하고 싶은 메시지가 무엇일까요? 마음속에서 진작 내려놓아야 할 것을 여전히 마음에 담아 고민하고 있는 우리의 어리석은 상태를 비유한다고 말씀드릴 수 있겠습니다.

어떤 사람이 화장실에 가서 용변을 보았습니다. 일을 마친 후에는 당연히 버튼을 누르고 물을 내려야 하는데요. 그런데 물을 내리지 않고 그 용변을 계속해서 가지고 있다면 어떨까요?

우리는 고민을 한 다음 지체 없이 곧바로 물을 내려서 흘려버려야 되는 것입니다. 그런데 마음에 아직도 그 고민을 담고 있어서 계속 힘들어하는 사람들이 의외로 많이 있습니다.

알렉산더 대왕과 거지의 대화
디오게네스의 지혜

❋

기원전 334년 알렉산더는 그리스 북쪽의 마케도니아 일대를 정복하고 인도를 향해 동방원정을 떠나게 됩니다. 그는 행군 중 강가에서 디오게네스라고 하는 거지를 만났습니다.

그는 왕으로서 모든 걸 다 가지고 가장 행복한 사람인 줄 알았는데 강가에 벌거벗은 디오게네스가 자신보다도 더 여유로워 보였습니다. 그래서 가장 가난하다고 알려진 디오게네스에게 물었습니다. "당신은 행복한가?" "그렇소이다." "내가 왕이니 필요한 걸 한 가지만 부탁해 보라." 그러자 디오게네스가 말했습니다. "한 발짝만 뒤로 물러나 주십시오. 지금 떠오르는 저 아침 태양을 가리고 있습니다."

이 말을 듣자 알렉산더는 왠지 그가 자신보다 마음이 더 부자라고 느껴졌습니다. "내가 어떻게 하면 너만큼 행복해질 수 있느냐?" "그러려면 당장 제 옆에 한번 누워보십시오." "지금은 안돼. 나는 동방원정을 떠나야 하니 훗날 원정을 마치고 돌아와서 네 옆에 눕겠다." 그러자 디오게네스가 다시 말합니다. "지금 제 옆에 누울 수 없다고요? 그렇다면 당신은 아마 영원히 제 옆에 눕지 못할 것입니다."

훗날 알렉산더는 인도 북부를 정복하고 이라크까지 돌아왔지만 결국 열사병으로 죽고 말았기에, 결국 디오게네스의 말처럼 알렉산더는 디오게네스의 옆에 영원히 눕지 못하게 되었습니다.

한편 그리스 시민이 어느 날 디오게네스를 찾아와서 물었습니다. "당신은 고민이 없는 사람인가요?" "당연히 없지요." "그럼 당신이 고민이 없다는 것을 우리에게 보여줄 수 있나요?" "그럼요."

그는 그리스 대궁전에 사람들을 데리고 갔습니다. 그리고 큰 기둥 하나를 붙잡고 소리쳤습니다. "제발 나를 놓아주시오." 함께 갔던 시민들이 영문을 몰라 물었습니다. "아니, 아무도 당신을 묶어두지 않았는데 왜 놓아달라고 소리치는 겁니까?" 디오게네스는 뒤돌아보면서 말했습니다. "당신들이 하는 짓이 이와 같습니다. 누가 당신과 고민을 묶었나요?" 이 얘기를 듣고 여러 시민이 깨치며 그에게 감사했다고 합니다.

디오게네스는 우리 자신이 고민이란 기둥을 자발적으로 끌어 안고 있다고 충고해 주고 있습니다. 우리는 잡고 있는 고민이란 기둥을 당장 놓아버려야 할 것입니다.

《바이블》과 이스라엘 왕의 인생 금언
솔로몬의 결론

❈

불후의 명고전하면 전 세계 최고의 베스트셀러인 《바이블》, 《성경》을 빼놓을 수 없습니다.

《성경》〈전도서〉의 저자 솔로몬은 성경학자들에게 지혜의 왕으로 유명합니다.

이 솔로몬의 아버지 다윗왕이 장인匠人에게 반지 제작을 명하며, 이 반지에 인생의 가장 멋진 문구를 새겨달라고 주문하니 그가 심각한 고민에 빠졌습니다. 그때 왕자였던 솔로몬이 장인에게 말했습니다.

"이 또한 지나가리라. - Soon it shall also come to pass."

인간은 누구나 고민에 빠지게 되지만, 조만간 지나가 버릴 고민으로 너무 괴로워 말라고 그는 조언합니다.

드디어 그가 기원전 약 1000년경, 지금으로부터 약 3천 년 전에 이스라엘 제3대 왕이 되었습니다. 절대 권력과 수많은 금은보화를 가졌고, 아내가 700명에 첩婕도 300명이라고 《성경》의 〈열왕기〉에 기록되어 있습니다. 그를 사람들은 전 세계 역사상 가장 행복한 사람의 대명사로 얘기하고 있습니다.

그런데 솔로몬은 우리에게 놀라운 얘기를 합니다. 〈전도서〉 1장

2절에서 '헛되고 헛되며 헛되고 헛되니 모든 것이 헛되도다. 인생의 모든 것은 의미 없는 짓이다. - Everything is meaningless.'

우리들의 인생과 고민, 그 모든 것들이 결국 하나같이 헛되고 헛되다고 솔로몬은 결론 내렸습니다.

전 교수는 20대 나이에 역사와 고전을 통찰하는 지식이었습니다. 이 책의 주제는 우리 일상생활에서 지혜를 필요로 하는 내용이기에 교양 서적으로서 일독을 추천합니다.

— 국토교통부 장관｜제주특별자치도 도지사 원희룡

미래공유포럼에서 《삼국지》와 《손자병법》 강의를 듣고 우리 인생 포인트를 잡아내는 혜안에 놀랐습니다. 여러분도 이 책을 통해 지식과 지혜의 향연을 누려보시기 바랍니다.

— 전 대통령실 소통 수석｜청와대 대변인 박수현

생각건대 전근룡 교수님은 문리文理를 깨친 인물입니다. 수개월간 전 교수님의 강연을 들으면서 방대한 지식의 넓이와 깊이에 매번 놀라움을 금치 못하고 있습니다.

— 전 국방부 장관｜합참 의장｜육군 참모총장 한민구

전 교수님의 강의를 듣다 보면 깊고 넓은 지식에 한 번, 알기 쉽게 전달하는 과정에서 또 한 번 감탄하게 됩니다. 강의가 끝날 때면 더해진 지식에 뿌듯함을 안고 일어서는 저를 발견합니다.

— 후지쓰배 세계바둑대회 우승｜KBS 바둑해설위원 박정상

넓고, 깊고, 세밀한 내용으로 동서양의 역사를 우리 머릿속에 꼼꼼히 심어주던 전 교수님의 강의가 이번에 책으로 나오니 감회가 남다릅니다. 이 책은 모든 독자에게 많은 도움이 되리라고 믿어 의심치 않습니다.

— 전 KT 부회장 | KT그룹 윤리경영 부문장 정성복

방송국 앵커 시절 세종원 아카데미에서 접한 전 교수님의 강의는 역사를 꿰뚫어 보는 통찰력과 세상을 꿈꾸게 하는 힘이 있고 삶의 지혜가 담겨 있습니다.

— 서울중구 국회의원 | 전 JTBC 앵커 박성준

전근룡 교수님의 머릿속에는 시대와 양의 동, 서를 초월하는 수많은 빅데이터가 들어있는데 AI와 같은 분석력으로 적재적소에 엮어냅니다. 인생 문제에 관한 유효적절한 비유는 놀랍기 그지없습니다.

— 카이스트대 교수 | 영국 옥스퍼드대 박사 전우정

전근룡 교수의 인문학 강의를 처음 접한 날 메시지의 그 폭과 깊이에 감명을 받았습니다. 동서고금의 역사를 박람강기博覽强記하는 그의 강의를 듣느라 총 180분이 순식간에 지나간 느낌이었습니다. 그 내용이 담긴 이 책을 강력히 추천합니다.

— 법무법인 우성 대표 변호사 | 고용노동부 장관 | 국회의원 이상수

전 교수님은 동서양 고전과 역사를 통달하신 분이다. 이번 저술에서는 현대인의 고민에 대하여 고전으로부터 해결책을 찾아서 제시하고 있다. 명쾌하고 시원하다.

— 전 SK실트론 대표이사 | LG 실트론 대표이사 사장 변영삼

삶이 던지는 질문에 답을 구하고자 젊은 시절부터 역사에 천착했던 전근룡 교수가 지식을 쌓아 지혜로 엮어낸 우리 모두의 필독서라고 생각한다.

— 전 보건복지부 장관 | 국민연금공단 이사장 최광

20대 나이에 정·재·관·학계 등 사회 저명인사 300여 명의 모임인 소현재를 총괄하고 세종원을 주도하던 모습이 경이로웠다. 역사학자로서의 역량과 깊이가 과연 어디까지인지 감히 가늠할 수 없다. 정말 놀라울 따름이다.

— 비트플렉스(주) 창업주 회장 | 공정과상식 국민연합대표 조준래

4차 산업혁명 시대에 갇힐 수 있는 인간에 대한 이해를 소중히 하고, 거슬러 변치 않는 성현들의 혜안을 일에 접목하는 데 깨우침을 주는 매우 가치 높은 책입니다.

— 이화여대 약학대 학장 | 최고위 창조경영과정 주임교수 이승진

'낭중지추' 드디어 송곳이 주머니 밖으로 나왔고, EBS가 보았네요. 저자는 답도 잘하지만 질문을 더 잘하는 현재賢才! 그가 남다른 질문으로 평생 우리고 우려낸 고전의 진액들을 담았으니 구수하고, 맛도 좋고, 영양도 만점이네요.

— 《빛과 다이아몬드》《자식농사 천하대본》 저자 채성남

오래전부터 옆에서 바라본 전 교수님의 인문학에 대한 열정은 엄청났습니다. 타고난 품성이 시대에 요구되는 인문학 정신과 만나 꽃을 피웠습니다. 이번에 발간된 책은 그런 꽃의 결실이라 생각하며 많은 사람이 읽고, 깨닫고, 즐기면 좋겠습니다.

— 전 (주) S-OIL 대표이사 사장 노연상

세계적 고전은 물론, 인문학 대가이신 전 교수님의 사상적 스펙트럼은 가히 경이롭다. 여러 범주를 넘어 종교와 정치, 의정에 이르기까지 가늠키 어려운 지성에의 보고는 거의 화수분이다. 동시대를 같이 호흡할 수 있음은 내게 크나큰 행운이다.

— 국민권익위원회 전문 강사 | 한국건설기술연구원 부원장 박종성

8년 전 교수님의 강연을 처음 듣고서 매우 인상이 깊어 주변 외교관들에게 소개하고 함께 강연을 계속 찾아서 듣고 있습니다. 고전 인문학의 필독서가 될 것입니다.

— 전 중국홍콩 총영사 | 동북아 역사재단 사무총장 석동연

전 교수님의 고전 강의를 들으면 자연스레 현자의 지혜와 처세, 삶의 교훈을 얻는다. 강의는 동서고금을 넘나들며 강물 흐르듯 막힘없고, 대화하듯 푸근하고, 숲을 산책하듯 여유롭다. 그러다 보면 금세 시간이 다하여 아쉬움이 남는다.

— 전 서울중앙지방 검찰청 부장검사 | 변호사 송영호

《초한지》와 사마천의 《사기》를 소재로 한 전 교수의 강의를 재미있게 들었던 기억이 새롭습니다. 그리고 그를 만날 때마다 남다른 학구열에 늘 놀라게 됩니다. 특히 서울 법대 68학번 우리 동창들과 허물없이 교류하던 모습이 놀라웠습니다.

— 전 경기도지사 | 한국유엔봉사단 총재 이인제

저는 전경련 최고위 과정에서 전 교수님 강의를 처음 접했습니다. 살아있는 강의를 듣는 느낌이었으며 재미와 삶의 지혜를 맛볼 수 있었습니다.

— 전 서울지법 부장판사 | 법무법인 온세 대표변호사 소영진

전 교수 강연에는 현실을 살아가는 우리에게 꼭 필요한 지혜가 두드러진다. 싸우지 않고 쉽게, 상호 큰 피해 없이 이기는 방법을 배울 수 있다.

— 전 북경 대외경제무역대 학장 | 명예교수 전명용

이화여대 최고경영자 과정에서 처음 전 교수님의 강의를 들은 뒤 중국의 정세와 중동의 현황 등에 해박한 지식을 보고 감탄했습니다.

— UN 해비타트 한국위원회 상임이사 이창호

대학 동문회 포럼에서 처음 전 교수님의 강의를 들은 뒤 깊은 감명을 받아, 제가 운영하던 조직에 강사로 초빙하여 새로운 강연을 또 들었습니다. 동서양을 넘나들며 쾌도난마로 풀어내는 그의 지식과 지혜는 놀랍기만 합니다.

— 전 대구광역시 정무부시장 | 서울 테크노파크 원장 박봉규

전근룡 교수님은 제가 아는 분 중에 본질을 꿰뚫어 보는 능력이 가장 탁월한 분입니다. 삶의 통찰력을 얻고 싶은 분들에게 추천해 드립니다.

— 바둑 9단 | 국수전 3연속 우승 국수 조한승

전 교수님의 고전 강의는 여러분을 삶의 지혜 한가운데로 안내할 것입니다. 책장을 덮는 순간, 더욱 지혜롭고 성숙한 자신을 발견할 수 있으리라 확신합니다.

— 전 육군 8사단장 | 서울대 산학협력 교수 방종관

사마천의 《사기》 강의는 중국 통사를 입체적 지도와 연표 그리고 사진으로 생동감 있게 완성시킨 문사철의 대가처럼 느껴지는 명강의였습니다.

— CBS방송국 방송위원 권영락

이미 벌어진 사건으로 화석化石이 되어 버린 역사도 전근룡 교수의 말과 글을 거치면 시대정신에 필요한 귀한 자원으로, 인류에게 지혜를 주는 보석으로 탈바꿈합니다.

— 아주대학교 글로벌미래교육원 원장 이성엽

저 자신이 대학 총장을 지내면서 외부 강연도 하고, 많은 분의 강의도 들어 본 경험이 있습니다. 그런데 전 교수의 강의는 다양한 기법을 사용하여 참 재미있고도 유익합니다. 이번에는 인문학책으로 발간된다고 하니 참 반갑습니다.

— 전 중앙일보 사장 | 송담대학교 총장 | 정무 장관 김동익

본인의 연구 및 강의 분야에 대해 방대한 관련 자료나 정보, 강의안을 전 교수님처럼 매일같이 성실하게 업데이트하는 분은 매우 드물 것입니다. 같은 강의도 들을 때마다 늘 새로운 감동을 주는 비결인 것 같습니다.

— 전 현대증권 부사장 | 조인에셋 글로벌자산운용 대표이사 성환태

저는 전근룡 교수님의 문사철文史哲 강론을 통해 자연과 사람의 상응 관계를 깊이 생각하며 환자의 질병을 치료하는 것이 아니라 아픈 사람을 치유하게 하는 마음을 키울 수 있었습니다.

— 한의사 | 상지대학교 한의과대학장 김명동

50년 교회에 다닌 나에게 해준 《성경》에 대한 권위 있는 설명을 듣고 놀라서 주변 사람들을 모아 여러 차례 강연을 들었습니다. 그 외에도 전 교수의 이슬람교, 불교 등 끊임없는 강의 주제와 소재에 대해 탄복할 수밖에 없었습니다.

— 전 한국세무사회 회장 | 대전 국세청장 | 석성재단 이사장 조용근

전근룡 교수님의 인문학 강의 내용은 많은 사람에게 감동을 주었습니다. 인문학의 중요성을 일깨워 주는 내용입니다. 누구나 한번 읽어 보면 좋을 거 같습니다.

— 강남대학교 부총장 | 대학원장 유양근

'속은 시커멓고 얼굴 두꺼운 놈들이 잘되는 이 거지 같은 세상!' 남 탓을 하며 침을 뱉고 싶을 때 오히려 그들은 어떻게 성공했는지 살펴보라. 이 책에는 타인의 힘을 빌리고 타인의 지혜를 이용해 싸우지 않고 이기는 법이 있다.

— 동아일보 출판국 부국장 | 신동아 편집장 김현미

저는 전 교수님의 강의를 거의 100시간 이상 청강한 마니아입니다. 세계 역사, 종교와 철학, 정치의 미래까지 정말 놀라운 강연의 연속입니다. 본 책을 강추합니다.

— 전 대한항공 미주지사장 | 민주평통 자문위원 이한용

동양 고전의 정수를 통해 현대를 살아가는 우리에게 생생한 삶의 지혜를 안겨 주는 대체 불가 명강의입니다. 아랍에서 출간 소식을 듣고 단번에 추천사를 보냅니다.

— 주 아랍에미리트 대사 | 국방대학교 총장 이석구

제가 아는 전교수는 젊은 세대부터 노년 세대까지 정말 다양한 사람들을 알고 지내는 인물입니다. 그가 EBS에서 방송 강의한 내용을 책으로 출간한다니 저 역시도 꼭 한번 읽어보고 싶습니다.

— 충북도지사 | 과학기술부 장관 김영환

EBS 클래스ⓔ 시리즈 33

삶이 묻고 지혜가 답하다

1판 1쇄 발행 2022년 9월 15일

지은이 전근룡

펴낸이 김유열 | **지식콘텐츠센터장** 이주희 | **지식출판부장** 박혜숙
지식출판부·기획 장효순, 최재진 | **마케팅** 최은영, 이정호
북매니저 김희선, 윤정아, 이민애, 정지현 | **렉처팀** 이규대, 김양희, 송인애, 문선우

책임편집 혜화동 | **인쇄** 우진코니티

펴낸곳 한국교육방송공사(EBS)
출판신고 2001년 1월 8일 제2017-000193호
주소 경기도 고양시 일산동구 한류월드로 281
대표전화 1588-1580 | **이메일** ebs_books@ebs.co.kr
홈페이지 www.ebs.co.kr

ISBN 978-89-547-7057-6 (04300)
      978-89-547-5388-3 (세트)